ARKANA

Buch

Während der westliche Mensch dazu neigt, den Tod zu verdrängen, wird er bei vielen alten Völkern als Teil des Lebenszyklus gesehen. Doris Iding hat aus allen Teilen der Welt sowie aus den unterschiedlichsten Kulturen Märchen, Mythen und Geschichten zusammengetragen, die zeigen, wie der Tod in das Leben integriert wurde. Entstanden ist ein Mosaik vielfältiger Todeserfahrungen. Nicht immer ist das Auftreten des Todes von Angst und Schmerz begleitet. Mitunter verbindet sich auch Heiteres mit ihm, und in manchen Mythen bedeutet die Begegnung mit dem Tod sogar den Beginn eines neuen Lebens. Mit Bedacht hat Doris Iding die Geschichten so ausgewählt, daß sie den Leser ermutigen, seine eigene Sterblichkeit zu akzeptieren, den Tod als Vollendung des Lebens anzunehmen und damit dem Leben eine neue Sichtweise zu geben.

Autorin

Doris Iding studierte Ethnologie, Religionswissenschaft, Psychologie und Japanologie mit Schwerpunkt Ethnomedizin sowie bewußtseinsverändernde Techniken im Kulturvergleich. Zahlreiche Reisen führten sie durch Asien, Europa und Amerika. Sie arbeitet als freie Journalistin und Buchautorin auf den Gebieten Gesundheit und Ethnomedizin.

DORIS IDING

Der Tod geht um die Welt

Mythen, Märchen, und
Geschichten um den Tod

ARKANA

GOLDMANN

Umwelthinweis:
Alle bedruckten Materialien dieses Taschenbuches
sind chlorfrei und umweltschonend.

Originalausgabe Januar 2000
© 2000 Wilhelm Goldmann Verlag, München
in der Verlagsgruppe Bertelsmann GmbH
Umschlaggestaltung: Design Team München
Umschlagmotiv: ZEFA / Index Stock Dan Burkholzer
Satz: DTP-Service Apel, Hannover
Druck: Elsnerdruck, Berlin
Verlagsnummer: 21541
Redaktion: Annette Gillich
WL · Herstellung: Sebastian Strohmaier
Made in Germany
ISBN 3-442-21541-2

1. Auflage

Für Masahiro,
ohne dessen Tod
ich nicht wiedergeboren worden wäre.

Inhalt

Vorwort

Nun aber ist es Zeit, daß wir unseres Weges gehen:
ich, um zu sterben, ihr, um zu leben.
Welches von beiden das bessere ist,
das wissen nur die Götter.

Sokrates

Viele Menschen konnten es nicht verstehen, als ich begann, ein Buch zum Thema Tod zu schreiben. »So was Deprimierendes«, bekam ich oft zu hören, wenn ich davon erzählte. Einige Bekannte und Freunde wollten gar nicht darauf eingehen. Sie schüttelten den Kopf und wandten sich im Gespräch schnell wieder anderen Themen zu. Ich habe diese Reaktionen akzeptiert und nicht darauf gedrängt, von allen Menschen in meinem Umfeld zu erfahren, wie sie persönlich zu ihrem eigenen Tod stehen.

Ich selbst habe keine Angst vor dem Tod. Durch den Verlust meines Lebensgefährten, der an Krebs gestorben ist, bin ich zum ersten Mal direkt mit diesem Thema konfrontiert worden. Mit seinem Tod hatte ich das Gefühl, daß ein Teil von mir gestorben ist. Es folgten Phasen blinder Wut auf das Leben, auf Gott und auf Menschen, denen es besser ging. Ich beklagte mein Schicksal und mein Leben. Der Wut folgten Depression und Trauer, bis mir eines Tages bewußt wurde, daß in all den Erfahrungen und Gefühlen dieses Prozesses die Chance steckte, mein Leben zu überdenken und neu zu gestalten.

Ich habe die Chance, die das Schicksal mir damals gegeben hat, genutzt und mich zum ersten Mal in meinem Leben intensiv mit meinem eigenen Tod , der Frage, woher ich komme und wohin ich gehen werde, auseinandergesetzt. Es war eine sehr traurige, aber gleichzeitig auch eine sehr fruchtbare Zeit. All die Erfahrungen, die ich während der Krankheit meines Lebensgefährten und danach gemacht habe, haben mir geholfen, die Angst vor der Auseinandersetzung mit meinem Leben und mit meinem Tod zu bewältigen. Märchen, Geschichten und heilige Schriften haben mir geholfen, diese Zeit zu überstehen. Diese Texte möchte ich weitergeben, und vielleicht verliert der eine oder andere Leser dadurch ein kleines bißchen die Angst vor dem Tod – und natürlich vor dem Leben!

Doris Iding, Sommer 1997

Wie der Tod
auf die Welt kam

Der Schlaf ist der kleine Bruder des Todes.

Chinesisches Sprichwort

Den Tod gibt es überall auf der Welt. Nicht nur bei uns, sondern auch auf den paradiesischen Inseln im Indischen Ozean, der Karibik oder anderen »unberührten« Gegenden. Der Tod erreicht jeden, er ist überall zu Hause.

In der Umgehensweise mit dem Tod gibt es jedoch einen wesentlichen Unterschied zwischen den Industrienationen und den Menschen, die das Glück haben, in den »letzten Paradiesen« auf dieser Erde zu leben: Bei uns wird der Tod ausgeklammert, die Menschen sterben nicht mehr im Kreis der eigenen Familie, sondern hinter verschlossenen Kliniktüren. Die wenigsten bekommen den Tod unmittelbar mit, es sei denn, sie arbeiten in Berufen, die mit ihm zu tun haben. Aber nachdem der Tod im letzten Jahrhundert aus hygienischen Gründen aus den Wohnhäusern verbannt wurde, werden Familienmitglieder selten direkt mit dem Sterben konfrontiert. Viele haben Angst vor der Begegnung mit dem Tod und überlassen die Sterbebegleitung lieber dem Krankenhauspersonal.

Bei Naturvölkern hingegen ist es keine Seltenheit, daß der Kranke im Kreis der Familie oder des Dorfes stirbt. Der Leichnam des Verstorbenen wird oftmals noch jahrelang im Haus der Familie aufbewahrt, bis das Geld für das Begräbnis zusammengespart ist, wie z. B. bei den Toraja auf der indonesischen Insel Salawesi. Alleine durch diese konkrete Anwesenheit des Todes ist der Tod bei diesen Völkern ins Leben integriert und als ein Teil des Lebenszyklus gesehen.

Durch den unmittelbaren Kontakt mit der Natur, den viele Eingeborene noch haben, wissen sie, daß der Tod eines Individuums wichtig ist, um das Leben des Gesamten aufrechtzuerhalten. So bitter es klingen mag, aber der Tod des einen bedeutet das Leben für den anderen.

Daß der Tod somit etwas Gutes, Weiterführendes und Notwendiges hat, sehen wir selten und ungern. Wir können uns dies nicht mehr vorstellen, da wir ihn aus unserem Leben ausgegrenzt haben. Die Existenz des Todes hat jedoch ihren Grund: Durch ihn erst wird der Lebenskreis geschlossen.

So wie der Tag zur Nacht und das Dunkle zum Hellen gehört, ist auch das Leben erst durch den Tod vollständig.

Aber nicht alle Völker glauben, daß der Tod einen Zyklus schließen muß. Nicht immer scheint die Antwort auf die Frage, warum der Tod auf der Welt ist, logisch und nachvollziehbar, nicht immer ist sie kompliziert und in lange Epen eingebunden. Es gibt Völker, die für das Entstehen des Todes ganz einfache Erklärungen haben, so wie die Nupe in Afrika:

Warum die Steine keine Kinder wollten
(Afrika)

Als Gott die Erde erschuf, brachte er allerlei Dinge hervor. Unter anderem den Mensch, die Schildkröte und die Steine. Von allem erschuf er eines in männlicher und eines in weiblicher Gestalt. Nachdem er die Menschen geschaffen hatte, betrachtete er sie lange Zeit und als er sie für gut befand, hauchte er ihnen Leben ein. Das gleiche tat er mit den Schildkröten. Er betrachtete sie, gab ihnen als besonderen Schutz einen Panzer, erfreute sich an ihrem Aussehen und hauchte ihnen das Leben ein. Nicht aber mit den Steinen.

Keines der Geschöpfe, die er erschaffen hatte, konnte Kinder bekommen. Und wenn sie alt wurden, dann war es nicht so, daß sie starben. Sie erwachten einfach eines Morgens wieder als junge Geschöpfe. Es kam der Tag, an dem die Schildkröten mit einem Anliegen zu Gott kamen, denn sie wollten ihn bitten, Kinder zu bekommen, Gott aber schien ihre Bitte zu überhören und sprach nur: »Ich habe dir Leben gegeben, ich habe dir aber nicht die Erlaubnis gegeben, Kinder zu bekommen.«

Am folgenden Tag ging die Schildkröte erneut zu Gott und bat ihn wieder, Kinder zu bekommen. Aber auch dieses Mal verneinte Gott die Bitte. So ging es Tag für Tag, Woche um Woche, bis Gott irgendwann nicht mehr gegen den Wunsch angehen wollte. Und als die Schildkröte wie jeden Morgen zu Gott kam, sprach er zu der Schildkröte: »Jeden Tag kommst du zu mir und bittest um Kinder. Weißt du, daß die Lebewesen, die Kinder bekommen, auch sterben müssen?«

Die Schildkröte aber sprach zu Gott: »Laß mich meine Kinder sehen und dann sterben. Das ist alles, was ich will.«

Gott erfüllte ihr den Wunsch und schenkte ihr die Fähigkeit,
Kinder zu bekommen.

Nachdem die Schildkröte ihre Kinder bekommen hatte, lebten sie
noch eine Zeitlang glücklich zusammen, und dann starb die Schild-
kröte.

Als der Mensch sah, daß die Schildkröte Kinder bekam, entstand
in ihm auch der Wunsch, Kinder zu haben. Gott warnte den Men-
schen mit den gleichen Worten, mit denen er zuvor die Schildkröte
gewarnt hatte. Aber auch der Mensch hatte jetzt einen so starken
Wunsch, Kinder zu haben, daß er den Tod dafür als Preis in Kauf
nehmen wollte und zu Gott sprach: »Laß mich meine Kinder sehen
und dann sterben.« Genau wie bei den Schildkröten bekamen die
Menschen jetzt Kinder, lebten noch eine Weile mit ihnen zusammen
und starben dann.

So kamen die Kinder und der Tod in die Welt. Nur die Steine
richteten die Bitte, Kinder zu haben, niemals an Gott. Und so kommt
es, daß Steine nie sterben.[1]

Für die Ureinwohner Australiens hat sich ein mythisches Wesen der
Urzeit, der Traumzeit, selbst für den Tod entschieden. Es war sein
Wille, daß die Menschen vom Tod heimgesucht werden:

Der dumme Narr
(Australien)

Eines Tages kam es zu einem Gespräch zwischen dem Mond und
einem Papageienfisch. Der Mond erklärte dem Papageienfisch,
daß er demnächst sterben würde, aber daß es sich dabei nicht um
einen endgültigen Tod handeln würde: »Ich werde von Tag zu Tag

*dünner, bis nur noch meine Knochen übrigbleiben. Aber dann«,
fuhr er fort, »werde ich wiederkommen und weiterleben.«*

*Der Papageienfisch schien von der Idee wiederzukommen nicht
besonders beeindruckt und antwortete: »Ich hingegen werde es
anders machen als du. Wenn es an meiner Zeit – und auch an der
Zeit der Menschen – ist zu sterben, dann werden wir alle tot bleiben
und nicht wiederkommen.«*

*Der Mond versuchte den Fisch zu überzeugen, wie schön es doch
wäre, nach dem Tod wieder zurück auf die Erde zu kommen. Der
Fisch allerdings wollte nicht hören. Der Mond sprach: »Du bist ein
dummer Narr!«, drehte sich um und ging seines Weges. Aus diesem
Grund bleiben die Menschen tot und kommen nicht ins Leben
zurück.*

Bei den meisten Indianerstämmen Amerikas ist die Entstehung des
Todes etwas komplexer als bei so kleinen Völkern wie den austra-
lischen Ureinwohnern oder afrikanischen Stämmen. In ihren Geschichten spielen bei der Schaffung der Welt und ihrer Ordnung
häufig Zwillinge eine wichtige Rolle, so auch bei den Paiute-India-
nern, die im Norden Amerikas leben. Für sie ist die Entstehung des
Todes eine Notwendigkeit, die die Weiterexistenz des Lebens si-
chert.

Warum Tobats den Tod auf die Erde holte
(Nordamerika)

*Als Tobats, der ältere Gott, tu-weap, die Erde, machte, bedeckte er
sie mit Bäumen und Weiden und Gras und Gebüsch, und alles war
aus Stein. Tobats wollte, daß alles, was er machte, ewig sein sollte.*

Die Welt, die er schuf, war nicht warm und hell, aber sie war schön von Gestalt und Form, und sie war stark und von Dauer.

Als Shinob, der jüngere Gott, kam und tu-weap anschaute, sah er, daß sie schön war, aber sie würde für immer ein lebloser Ort sein. Er sagte Tobats, daß die Welt, die er geschaffen hatte, gut und stark und schön und nutzlos sei.

»Was ist los mit diesem Ort, den ich gemacht habe?« fragte Tobats und Shinob antwortete: »Es gibt keine Nahrung darauf. Die Tier-Dinge können niemals Stein-Gras essen. Stein-Bäume können niemals Früchte tragen, die lebende Dinge essen können. Die Tiere werden sich alle zu Tode hungern, weil es dort kein Essen für sie gibt.«

»Was können wir daran ändern?« fragte der ältere Gott. Shinob antwortete: »Mach lieber all das Gras und die Bäume und alles auf tu-weap zart und weich, damit die Tiere es essen können. Laß diese Dinge die ganze Zeit über wachsen, so daß sie immer grün und frisch sind.«

»Gut«, sagte Tobats, »geh du und tu grüne Dinge auf tu-weap. Tu Wasser in all diese Dinge, die ich gemacht habe. Laß die Pflanzen fortwährend Wasser aus dem Boden trinken, so daß sie grün bleiben.«

Shinob kam zu tu-weap und verwandelte all die Dinge, die Tobats aus Stein gemacht hatte, in lebendige Dinge. Er tat Wasser in das Gras. Er tat Wasser in die Bäume. Er tat Wasser in die Weiden und in die Sträucher. Er tat Wasser in all die Dinge, die Tobats in die Erde gesetzt hatte, und sie wurden lebendige, wachsende Pflanzen. Er befahl ihnen, Wasser aus dem Boden zu saugen.

Lange Zeit war über das vergangen, als die Götter wiederkamen, um tu-weap zu besuchen. Als sie kamen, waren sie überrascht, was sie fanden. Sie konnten kaum einen Platz zum Stehen finden, denn alles war so groß geworden. Das Gras war höher als ihre Köpfe, und die Bäume waren so riesig, daß sie fast den Himmel berührten.

Tobats drehte sich zu Shinob und sagte scharf: »Nun schau, was du tu-weap angetan hast. Du hast sie verdorben. Jetzt werden wir all diese Dinge töten müssen und wieder Stein-Dinge her tun, wie ich sie zuerst gemacht habe. Das, was du gemacht hast, ist nicht gut. Lebende Dinge müssen wachsen, und bald wird kein Platz zum Leben mehr für sie da sein. Sieh, was du getan hast.«

Alles, was Tobats sagte, war wahr und Shinob konnte es nicht leugnen. Alles, was er sagen konnte, war, daß eine Steinwelt auch nicht gut wäre. Er dachte angestrengt viele Tage über diese Sache nach und ging dann zu Tobats und sagte: »Ich habe einen Plan. Töte die Dinge, die auf tu-weap wachsen, nicht. Laß sie Leben haben, aber gib jedem seine eigene Größe. Halte sie alle klein, wie die Stein-Dinge, die du gemacht hast, dann können sie tu-weap nicht zu voll füllen.«

Dar alte Gott schüttelte seinen Kopf und antwortete: »Nein, so kann es nicht sein. Wenn lebende Dinge aufhören zu wachsen, müssen sie sterben. Nach einer Weile wird alles auf tu-weap tot sein, und die Dinge, die du hergetan hast, werden häßlich sein. Meine Stein-Dinge sind besser als das.«

Shinob konnte sehen, daß Tobats da recht hatte, und so bat er seinen Bruder: »Gib mir Zeit für noch ein längeres Nachdenken, bevor alles zerstört wird.«

Die Götter kehrten heim, aber der alte Tobats war verdrießlich und reizbar wegen seiner Welt, die verdorben worden war.

Als Shinob entschieden hatte, was zu tun sei, ging er zu Tobats und sagte: »Ich habe einen Plan für tu-weap. Mach, daß alles Samen trägt, dann laß es sterben. Wenn die Alten sterben, kommen Junge wieder aus den Samen. Wir können jedem Ding seine Größe geben und es dann sterben lassen. Das wird tu-weap grün und schön erhalten und wird die lebenden Dinge an ihren rechten Ort und im rechten Größenverhältnis zueinander lassen.«

»Gut«, sagte Tobats, »du gehst und nimmst den Tod zu tu-weap mit. Sage den Bäumen, wie groß sie wachsen können, bis sie sterben müssen. Du erzählst den Büschen, wie groß sie wachsen können, bis sie dann sterben müssen. Du sagst dem Gras und den Blumen und allen Dingen auf tu-weap, wie groß sie wachsen können, bis sie sterben müssen. Tu den Tod in alle Dinge auf tu-weap. Nichts soll je dort leben, das nicht sterblich wäre.«

Shinob kam und tat alles, was Tobats gesagt hatte. Er brachte den Tod und auferlegte ihn allen lebendigen Dingen, und er wies allen Dingen die Größe und Gestalt zu, zu der sie wachsen konnten. Dann kehrte er nach Hause zurück und berichtete Tobats alles, was er getan hatte.

Nach einer langen Zeit kamen die Götter wieder zu tu-weap, und sie fanden alles in heilloser Unordnung. Die Dinge starben in Einklang mit Shinobs Plan, aber tu-weap füllte sich mit den Körpern der Verstorbenen an. Vielerorts war kein Raum zum Wachsen für die neuen Samen.

Als Tobats all das Durcheinander sah, wurde er sehr zornig und sagte wieder zu Shinob: »Jetzt schau, was du getan hast. In tu-weap ist es schlimmer, als es je zuvor war. Meine Stein-Pflanzen waren besser als das. Die Welt, die ich gemacht habe, war schön. Sie wäre für immer schön gewesen.« Shinob antwortete: »Dennoch war deine Welt sinnlos, denn nichts konnte in ihr bleiben.«

Die Götter waren beide zornig, so gingen sie fort, und lange Zeit hatte Shinob Angst, mit Tobats über tu-weap zu sprechen.

Eines Tages rief Tobats Shinob und sagte: »Bring Feuer zu tu-weap. Tu Feuer in alles, was da wächst.« Shinob sagte: »Nein, *nicht das. Feuer wird alles verbrennen. Feuer wird alle lebendigen Dinge auf tu-weap vernichten. Das wird schlecht sein.« Aber Tobats sagte: »Nein, es wird sie nicht töten. Du hast in alle Dinge Wasser getan, und sie sind feucht. Feuer wird nicht brennen, wo Wasser ist. Wenn etwas stirbt, wird das Wasser aus ihm hinaustrocknen, dann wird das Feuer in ihm es verzehren. Es wird nur Asche übrigbleiben.«*

Und so wurde tu-weap nach Tobats Plan vollendet, und von diesem Tag ab bis heute haben die langsamen Feuer von Tobats überall auf tu-weap gebrannt. Das Leben läuft seine verschiedenen Wege, dann ermattet es und fällt. Die Körper aller, die sterben, trocknen aus und werden langsam vom Feuer der Götter verzehrt und zu Asche vermindert, damit Platz sein möge für das neue Leben, das entspringt.[2]

Ursprünglich wollten die Götter den Menschen Unsterblichkeit geben. Aber sie waren über den menschlichen Hochmut und die menschliche Machtgier enttäuscht. Deshalb distanzierten sich zahlreiche Gottheiten von ihrem Entschluß und gaben dem Mensch die Sterblichkeit. Das Eingreifen eines Hochgottes, der über das kriegerische Verhalten der Menschen verstimmt war, dient als Beispiel dafür, warum die Menschen sterblich wurden. Das Märchen stammt von den Jhoria im indischen Bundesstaat Orissa.

Wasser des Todes
(Indien)

Vor langer, langer Zeit lagen Götter und Menschen miteinander in Streit. Der Hochgott Mahaprabhu schickte die Götter auf die Erde, um für rechte Ordnung zu sorgen, aber die Menschen kümmerten sich nicht, schlugen einander und behandelten sich schlecht. Mahaprabhu rief eine Ratsversammlung ein, zu der er beide Parteien einlud. Vorher füllte er jedoch in eine Kalebasse das Wasser des Todes und in eine andere das Wasser der Unsterblichkeit. Mahaprabhu wollte die Menschen und Götter dazu bringen, in Frieden beisammenzuleben. Viele Menschen und ebensoviel Götter strömten zusammen, um seinen Worten zu lauschen. Unter ihnen befand sich ein alter Bauer, der keine Ohren hatte. Als ihn nach einer Weile Durst überkam, begab er sich mit unsicheren Schritten zu den Kalebassen und griff sich die mit dem Wasser der Unsterblichkeit. Ohne zu fragen nahm er einen Schluck. Mahaprabhu, entsetzt über seine Handlung, sprang auf und fuhr dem Alten rasch mit einem Pferdeschweif in den Mund, bevor er das Wasser trinken konnte. Mahaprabhu gab nun das Wasser der Unsterblichkeit den Göttern, das des Todes den Menschen. Auf diese Weise lernten die Menschen, wie man spuckt. Aber von dem Tag an war es auch vorüber mit ihrer Unsterblichkeit.

Je größer und komplexer eine Gesellschaft ist, desto komplizierter wird die Hierarchie der Gottheiten. Auch die Geschichten werden umfassender, so daß in einer Hochkultur wie z. B. dem Hinduismus dem Tod eine andere Entstehung zugeschrieben wird als bei einfachen, kleinen Naturvölkern. Im Hinduismus, der sich über einen langen Zeitraum entwickelte, veränderte sich im Laufe der Jahrhunderte nicht nur die Einstellung des Menschen gegenüber der Seele, sondern auch der Tod bekam einen anderen Stellenwert.

Die folgende Geschichte ist dem hinduistischen Mahabharata entnommen, das zwischen 400 v. Chr. und 400 n. Chr. geschrieben wurde. Es stellt mit seinen über hunderttausend Doppelversen die umfangreichste Dichtung der Weltliteratur dar.[3] In der Geschichte spiegelt sich der Gedanke wider, daß der Tod ein Akt der Gnade ist, der die Menschen von der Überbevölkerung befreit. Sie weist darauf hin, daß jeder Mensch für seine eigene Sterblichkeit und somit auch für seine eigene Wiedergeburt selbst die Verantwortung hat. Dieser Gedanke spielt in vielen östlichen Religionen eine zentrale Rolle.

Die Zeit des Todes – Der Tod der Zeit
(Indien)

Es war einmal ein König namens Akampana. Er grämte sich Tag und Nacht, denn sein Geist konnte nicht wieder Frieden finden, da sein tapferer Sohn Hari auf dem Schlachtfeld gefallen war. Als ihm in seinem Schmerz der himmlische Rsi Narada erschien, erzählte er dem Großmächtigen von seinem Leid: »Der mächtige Hari, der an Glanz Indra und Vishnu gleichkam, ward am Ende erschlagen. – O Erhabener«, rief Akampana aus, »wer ist dieser Tod? Was ist das Maß seiner Kraft, Stärke und Kühnheit? O Höchster der Einsichtigen, all dies wünsche ich der Wahrheit gemäß zu erfahren.« Als er diese Worte hörte, erzählte der segensprechende Narada die folgende Geschichte, um des Königs Schmerz zu lindern:

»Edler Monarch«, begann er, »am Anfang schuf der große Brah-

ma alle Geschöpfe. Mit mächtiger Kraft begabt, sah er, daß die Schöpfung kein Zeichen von Verfall aufwies. Darauf begann der Schöpfer über die Vernichtung des Weltalls nachzusinnen. So sehr er auch überlegte, konnte er doch kein Mittel finden, es zu vernichten. Da wurde er zornig, und sein Zorn gebar Feuer, das vom Himmel fiel und alles im Weltall verzehrte. Alle Geschöpfe, ob beweglich oder unbewegt, wurden vernichtet. Da wandte sich Hara (Shiva) aus Verlangen, allen Geschöpfen Gutes zu tun, an den göttlichen Brahma. Strahlend im Glanz fiel der Herr aller Wanderer der Nacht Brahma zu Füßen und sprach: ›O Herr, Ihr habt mit so viel Sorgfalt vielerlei Geschöpfe geschaffen, und nun werden sie verzehrt von Eurem eigenen wütenden Feuer. Da ich dies sehe, werde ich erfüllt von Mitleid. O erhabener Herr, laßt Gnade walten.‹

Brahma antwortete: ›Ich wünschte nicht die Vernichtung des Alls, ich wünschte das Gute für die Erde, doch erdrückt von der schweren Last der Geschöpfe, zwang mich die Göttin Erde dazu. Daher übermannte mich Zorn, als ich kein Mittel fand, um die unendliche Schöpfung zu vernichten.‹ Darauf sprach Rudra (Shiva): ›O Herr, sinnt nicht im Zorn auf die Vernichtung der Geschöpfe. Erhabener, laßt Gnade walten. Laßt das dreifaltige All, die Zukunft, die Vergangenheit und die Gegenwart existieren; verbrennt seine Kräuter und sein Gras, seine Felsen, Bäume und Flüsse nicht zu Asche. Euer eigener Zorn entzündete das all-verzehrende Feuer, laßt es in Eurem eigenen Selbst erlöschen. Widmet einen liebenden Blick allem Lebenden, o Schöpfer, der Ihr mich zu seinem Besitzer ernanntet.‹

Als er diese Worte von Mahadeva (Shiva) hörte, hielt der göttliche Brahma, da er den Geschöpfen Gutes wünschte, den Zorn, der sich entfacht hatte, in seinem inneren Selbst zurück. Das Feuer erlosch, und der göttliche Wohltäter der Welt verkündete die Pflicht von Schaffen und Selbständigkeit. Und als das Feuer des Zorns von der Welt abgezogen war, tauchte aus den Toren von des Großen Meisters Sinnen ein Weib auf, dunkel und rot und lohfarben blond, dessen Zunge, Gesicht und Augen rot waren und das zwei funkelnde Ohrringe und vielerlei herrliches Geschmeide trug. Während es seinem Körper entstieg, lächelte es den beiden Herren des Alls entgegen und machte sich auf nach dem südlichen Viertel. Da benannte Brahma, der Schöpfer und Vernichter, die Frau mit ihrem Namen mrtyu (Tod) und sprach: ›Du, die du aus meinem Zorn geboren wurdest, geh hin und töte alle meine Geschöpfe, egal ob Schwachsinnige oder Seher. Dies wird dir zum Segen gereichen.‹

Als aber jene Lotusdame Tod tief über diese Worte nachsann, begann sie laut und wohltönend zu weinen. Der höchste Herr Brahma sammelte zum Wohle aller Geschöpfe in beiden Händen die Tränen, die sie vergoß.

›Wie könnte ich, eine Frau‹, sagte sie, ›so Grausames tun? Ich fürchte Unrecht und den Schmerz und die Wehklagen derer, die ich töten würde. Ich werde nicht zu Yamas Wohnstatt gehen. Ich werde Buße tun im Dhenuka-ashrama – selbst Yama (der Gott des Todes) hat dort einst Buße getan. Dort werde ich mich den strengsten Entsagungen widmen, denn ich bin außerstande, den leidenden Geschöpfen den Lebensatem zu nehmen.‹ Darauf sprach Brahma: ›Hab keine Bedenken, sondern tu, wie ich sage. Die Welt wird kein Vergehen in dir finden: Vernichte also alle Geschöpfe.‹

In Furcht ob Brahmas Befehl stand sie mit gefalteten Händen da und schwieg. Auch der göttliche Brahma verharrte in Schweigen. Da war der Herr der Geschöpfe zufrieden, und er lächelte der Schöpfung zu; alles lebte wie zuvor, ungeschlagen von unzeitigem Tod. Dann machte sich Frau Tod auf nach dem Walde Dhenuka und lebte Milliarden Jahre nur von Luft und Wasser, übte strenge Entsagung, wusch sich rein von ihren Sünden. Sie war dünn und mager und wanderte von Nanda nach dem heiligen Kausiki, nach Pnachaganga, Vetasa und zum großen Meru-Berg in ständigem Gebet an Brahma, ihren Vater. Freudig und zufrieden sprach der Schöpfer zu ihr mit sanften Worten: ›Warum unterziehst du dich so strenger Buße?‹ ›Aus Furcht vor Versündung‹, antwortete sie. ›Du wirst keine Sünde begehen, wenn du tust, wie ich befal, oh Tod‹, entgegnete Brahma, ›darum töte diese Geschöpfe. Ewige Tugend wird dir zuteil; Yama und der Krankheiten Schar werden deine Begleiter sein. Befreit von Sünde, vollkommen gereinigt, wirst du Ruhm erlangen.‹ Daraufügte sich Frau Tod und antwortete mit gefalteten Händen: ›Dein Wille geschehe ... Und höre noch dies: Laß Habgier, Zorn, Bosheit, Eifersucht, Streit, Irrsinn, Schamlosigkeit und alle anderen starken Passionen die Körper aller Geschöpfe zerreißen.‹

Und so geschah es. Die Tränen in Brahmas Händen wurden zu Krankheiten, die den Geschöpfen selbst entsprossen. Sie waren es, die die Menschen töteten, aber auf Frau Tod selbst lastete keine Sünde. Brahmas Verfluchung fürchtend, warf Frau Tod Wunsch und Zorn von sich und begab sich auf die Welt, um die belebten Geschöpfe zu der ihnen bestimmten Zeit dahinzuraffen. Sünde wird diejenigen töten, welche Böses tun.

Nur lebende Geschöpfe sterben. Krankheiten entstehen in den lebendigen Geschöpfen selbst; sie sind das abnorme Los der Geschöpfe, ihr Kummer und ihre Pein. Darum, o Akampana, ergeh dich nicht in furchtlosen Schmerz über die, welche starben. Die empfindenden Sinne gehen beim Tod gemeinsam mit dem Geschöpf in die andere Welt ein, dann werden sie wieder in ihre Funktion eingesetzt und werden zusammen mit dem Geschöpf wiedergeboren. Daher

müssen alle Geschöpfe, o Löwe unter den Seienden, ja selbst die
Götter, sich verhalten wie Sterbliche. Der Wind, welcher bläst mit
Stärke und unendlicher Kraft, wird die Körper der lebenden Ge-
schöpfe wiederbringen. Dies ist der natürliche Kreislauf, o König!
Sogar die Götter werden sterblich genannt! Darum jammere nicht
um deinen Sohn. Der Sohn deines Leibes kehrt zurück in den Himmel
und verbringt seine Tage in Seligkeit in den Gefilden der Heroen.
Frau Tod ist vom Schöpfer selbst für alle bestimmt, und Frau Tod ist
ohne Sünde, ja, voller Ruhm! Die Geschöpfe werden pünktlich zur
Stunde, die ihnen bestimmt ist, vernichtet. Der Tod der Geschöpfe
entsteht aus den Geschöpfen selbst. Frau Tod tötet niemanden,
obwohl bewaffnet mit ihrer Keule! Daher plagt die Weisen niemals
Schmerz, denn sie wissen, daß der Tod unausweichlich ist, da be-
fohlen von Brahma. Daher laß ab von deinem Schmerz und deinem
toten Sohn!«

Nach diesen Worten war der König beruhigt. Sein Schmerz war
vergangen und er betete Dank zu Narada, dem Größten der Rsis.[4]

Auch im Christentum spielt die Frau eine wesentliche Rolle bei der
Entstehung des Todes. Obwohl es ja die Schlange war, die Eva
verführte . . .

Die Vertreibung aus dem Paradies
(Palästina)

Es war zu der Zeit, da Gott der Herr Erde und Himmel machte. Und
alle die Sträucher auf dem Felde waren noch nicht auf Erden, und
all das Kraut auf dem Felde war noch nicht gewachsen; denn Gott
der Herr hatte noch nicht regnen lassen auf Erden, und kein Mensch

war da, der das Land bebaute; aber ein Nebel stieg auf von der Erde und feuchtete alles Land.

Da machte Gott der Herr den Menschen aus Erde vom Acker und blies ihm den Odem des Lebens in die Nase. Und so ward der Mensch ein lebendiges Wesen.

Und Gott der Herr pflanzte einen Garten in Eden gegen Osten hin und setzte den Menschen hinein, den er gemacht hatte.

Und Gott der Herr ließ aufwachsen aus der Erde allerlei Bäume, verlockend anzusehen und gut zu essen, und den Baum des Lebens mitten im Garten und den Baum der Erkenntnis des Guten und Bösen. Und es ging aus von Eden ein Strom, den Garten zu bewässern, und teilte sich von da in vier Hauptarme.

Und Gott der Herr nahm den Menschen und setzte ihn in den Garten Eden, daß er ihn bebaute und bewahrte. Und Gott der Herr gebot dem Menschen und sprach: Du darfst essen von allen Bäumen im Garten, aber von dem Baum der Erkenntnis des Guten und Bösen sollst du nicht essen, denn an dem Tage, da du von ihm wissest, mußt du des Todes sterben.

Der Sündenfall
(Palästina)

Aber die Schlange war listiger als alle Tiere auf dem Felde, die Gott der Herr gemacht hatte, und sprach zu dem Weibe: »Ja, sollte Gott gesagt haben, ihr sollt nicht essen von allen Bäumen im Garten?«

Da sprach das Weib zu der Schlange: »Wir essen von den Früchten der Bäume im Garten, aber von den Früchten des Baumes mitten im Garten hat Gott gesagt: ›Esset nicht davon, rühret sie auch nicht an, daß ihr nicht sterbet!‹«

Da sprach die Schlange zum Weibe: »Ihr werdet keineswegs des Todes sterben, sondern Gott weiß: An dem Tage, da ihr davon esset, werden eure Augen aufgetan, und ihr werdet sein wie Gott und wissen, was gut und böse ist.«

Und das Weib sah, daß von dem Baum gut zu essen wäre und daß er eine Lust für die Augen wäre und verlockend, weil er klug machte. Und sie nahm von der Frucht und aß und gab ihrem Mann, der bei ihr war, auch davon, und er aß.

Da wurden ihnen beiden die Augen aufgetan und sie wurden gewahr, daß sie nackt waren, und flochten Feigenblätter zusammen und machten sich Schurze.

Und sie hörten Gott den Herren, wie er im Garten ging, als der Tag kühl geworden war. Und Adam versteckte sich mit seinem Weibe vor dem Angesicht Gottes des Herren unter den Bäumen im Garten.

Und Gott der Herr rief Adam und sprach zu ihm: »Wo bist du?«

Und er sprach: »Ich hörte dich im Garten und fürchtete mich, denn ich bin nackt, darum verstecke ich mich.«

Und er sprach: »Wer hat dir gesagt, daß du nackt bist? Hast du gegessen von dem Baum, von dem ich dir gebot, du solltest nicht davon essen?«

Da sprach Adam: »Das Weib, das du mir zugeteilt hast, gab mir von dem Baum, und ich aß.«

Da sprach Gott der Herr zum Weibe: »Warum hast du das getan?«

Das Weib sprach: »Die Schlange betrog mich, so daß ich aß.«

Da sprach Gott der Herr zu der Schlange: »Weil du das getan hast, seist du verflucht, verstoßen aus allem Vieh und allen Tieren auf dem Felde. Auf deinem Bauch sollst du kriechen und Erde fressen dein Leben lang. Und ich will Feindschaft setzen zwischen dir und dem Weibe und zwischen deinen Nachkommen und ihren

Nachkommen; der soll dir den Kopf zertreten und du wirst ihn in
die Ferse stechen.«

   Und zum Weibe sprach er: »Ich will dir viel Mühsal schaffen,
wenn du schwanger wirst, unter Mühen sollst du Kinder gebären.
Und dein Verlangen soll nach deinem Manne sein, aber er soll dein
Herr sein.«

   Und zum Manne sprach er: »Weil du gehorcht hast der Stimme
deines Weibes und gegessen von dem Baum, von dem ich dir gebot,
du solltest nicht davon essen –, verflucht sei der Acker um deinet-
willen! Mit Mühsal sollst du dich von ihm nähren dein Leben lang.
Dornen und Disteln soll er dir tragen, und du sollst das Kraut auf
dem Felde essen. Im Schweiße deines Angesichts sollst du dein Brot
essen, bis du wieder zu Erde werdest, davon du genommen bist.
Denn du bist Erde und sollst zu Erde werden.« Und er trieb den
Mensch hinaus und ließ lagern vor dem Garten Eden die Cherubin
mit dem flammenden, blitzenden Schwert, zu bewachen den Weg zu
dem Baum des Lebens.

Die Geschichten aus verschiedenen Kulturen zeigen, wie unterschiedlich Völker die Entstehung des Todes darstellen. Die Stellung
des Todes sowie der Weiterexistenz nach dem Tod wirken sich
bewußt oder auch unbewußt auf das Verhalten der Menschen aus.

   Die Erzählungen »Die Zeit des Todes« aus dem Hinduismus und
der »Sündenfall« aus dem Alten Testament zeigen, wie und wann
der Tod in die jeweilige Kultur kam und welche Folgen es für die
Menschen hat. Es wird ein wesentlicher Unterschied zwischen den
beiden Religionen deutlich: In den östlichen Religionen ist der
einzelne Mensch für seine Taten, sein Karma und die daraus entste-
hende Wiedergeburt verantwortlich. Sein Handeln entscheidet darüber, ob er als Mensch, als Tier, als Himmelswesen oder als Höl-

lenwesen wiedergeboren wird. Nur er selbst kann Schuld auf sich laden, und nur er selbst kann sich daraus erlösen. Das Christentum hingegen kennt eine Kollektivschuld, die durch das Vergehen Adams und Evas entstanden ist. »Es gibt eine Kollektivvergeltung, und dadurch, daß Christus durch seinen Opfertod die Menschen entsühnte, ist auch er entsühnt, wenn er an Gott glaubt.«[5]

Egal, ob im Osten, Norden, Süden oder Westen: Der Tod hat im Laufe der Geschichte in alle Kulturen Einzug gehalten. Keiner bleibt von ihm verschont, ob reich oder arm, ob klug oder dumm. Schöne und häßliche Kreaturen, junge und alte Menschen, ja sogar welche, die noch nicht einmal das Licht des Lebens gesehen haben – für jeden kommt seine Zeit. Jedes Volk und jeder Stamm wird vom Tod heimgesucht. Wir können uns davor verschließen, durch Ignoranz, Verdrängen, Drogen, Alkohol oder andere Ablenkungsmanöver. Doch letztlich ist es sinnlos. Denn wie im Koran, dem heiligen Buch der Moslime geschrieben steht: »Wo auch immer ihr seid, der Tod ereilt euch doch, und wartet ihr in hohen Burgen« (Sure 4:78).

Des einen Tod
ist des anderen Leben

Dies wissen wir:
Die Erde gehört nicht den Menschen,
sondern die Menschen gehören der Erde.
Alle Dinge sind miteinander verbunden wie das Blut,
das uns alle vereint.
Die Menschen haben das Gewebe des Lebens nicht gewoben,
sie sind nur ein Faden darin.
Was immer sie dem Gewebe antun,
das tun sie sich selbst an.

Sealth, Häuptling der Seattle[6]

Viele Naturvölker sehen sich als Teil der Natur, des Kosmos. Sie achten die natürlichen Gesetzmäßigkeiten, genauso wie sie jedes Lebewesen in der Natur achten. Sie achten das Leben und die Entscheidung des Großen Geistes, daß jeder Mensch, jedes Tier und jede Pflanze sterben muß. Sie erkennen, daß durch den Tod des einen einem anderen das Weiterleben ermöglicht wird und daß nur so Leben an sich möglich ist. Die Indianer fühlen sich nicht als die Krone der Schöpfung, sondern als einen Mosaikstein unter vielen. Darum bringen sie einem Regenwurm den gleichen Respekt entgegen wie einem Menschen, und ein Mensch ist für sie nicht weniger oder mehr wert als eine Pflanze. Sie sind sich bewußt, daß der Mensch von der Natur abhängig ist und gehen dementsprechend mit ihr um. Während der Mensch nicht ohne Pflanzen und Tiere leben kann, ist es umgekehrt möglich. Diese Tatsache ist diesen Völkern bewußt, und mit diesem Wissen leben und sterben sie.

Wenn die Indianer etwas aus der Natur nehmen, es also für ihr eigenes Weiterleben töten, dann bedanken sie sich dafür. Pflückt ein Schamane, Heiler oder Medizinmann eine Pflanze, bedankt er sich bei ihr dafür, daß sie ihr Leben schenkt, damit ein Mensch geheilt wird und weiterleben kann. Er hinterläßt eine kleine Gabe an dem Ort, an dem die Pflanze gestanden hat, zum Beispiel ein wenig Tabak oder einige Perlen. Der Dank ist eingebettet in ein Ritual, wobei er sich selbst immer wieder bewußt macht, daß er nur ein kleiner Teil des Universums ist. Er verdeutlicht, daß er die Pflanze nimmt, um das Leben eines Menschen zu retten, und daß er sein eigenes Leben eines Tages geben wird, damit andere weiterexistieren können.

Das Gedicht vom Geben und Nehmen
(Nordamerika)

Ich habe das Reh getötet.
Ich habe den Grashüpfer zerdrückt
und die Pflanzen,
von denen er lebt.
Ich habe durch das Harz
von Bäumen geschnitten,
die alt und gerade wuchsen.
Ich habe Fische aus dem Wasser
und Vögel vom Himmel genommen.

In meinem Leben habe ich den Tod gebracht,
damit mein Leben sein kann.

Wenn ich sterbe,
muß ich den Wesen Leben geben,
die mich ernährt haben.
Die Erde empfängt meinen Körper und gibt ihn
den Pflanzen
und den Raupen, den Vögeln und den Kojoten.
Jedem zu seiner Zeit
– so daß der Kreislauf des Lebens
niemals durchbrochen wird.[7]

Indianer sehen Tiere und Pflanzen nicht nur als Lebewesen, in ihren Augen sind sie beseelt und besitzen große Weisheit sowie Macht. Schamanen, die mit halluzinogenen Pflanzen arbeiten, fragen den Geist der Pflanze bei einer Krankenbehandlung um Rat und bitten um Instruktionen. Sie bitten den Pflanzengeist um ein »Rezept«, das ihnen sagt, wie und in welchen Dosierungen er den Kranken behandeln soll. Für die Schamanen sind nicht die Inhaltsstoffe der Pflanze heilend. Ganz allein der Geist der Pflanze bestimmt, ob der Mensch wieder gesund wird oder nicht.

Genauso wie Pflanzen sind auch Tiere für Indianer beseelt. Nicht selten nehmen Indianer Kontakt zu Tieren auf, und nicht selten dienen Tiere den Menschen als Schutz- oder Seelenbegleiter – vorausgesetzt, ihnen wird der notwendige Respekt entgegengebracht.

Das folgende Märchen spiegelt den Respekt wider, den die nordamerikanischen Indianer den Tieren – und dabei insbesondere dem Büffel – entgegenbringen.

Der Büffelgeist
(Nordamerika)

Es kam die Zeit, wo der Stamm zu groß geworden war, um zusammenzuleben. Die Pflanzen und Kräuter, die in der Umgebung gesammelt wurden, reichten nicht mehr für alle. Auch das Wild, das erlegt wurde, konnte nicht mehr den Hunger aller Stammesmitglieder stillen. Deshalb teilte sich das Dorf, wie es früher unter den Indianern üblich war. Es wurde ein großes Abschiedsfest gefeiert, und eines Tages im Frühling ging ein Teil des Dorfes weit weg und baute seine Lager dort, wo gewöhnlich der beste Jagdplatz des ganzen Landes war.

Der Winter war hart gewesen, und wie einige Vorzeichen andeuteten, schien dieses Jahr nichts Gutes zu bringen. Die Herden kamen nicht, und die Vorräte wurden knapp. Bald schon herrschte Hunger und Not, und die Häuptlinge fingen an, sich Sorgen um das Leben ihrer Stammesmitglieder zu machen. Auch die Medizinmänner waren ratlos und besorgt um das Leben der Menschen. Alle Rituale, die abgehalten wurden, um die Not abzuwenden, schienen nichts zu bewirken. Nur die vielen Kinder schienen von all dem nichts zu ahnen. Unbekümmert wie immer spielten sie außerhalb des Lagers. Sie hatten ihre Freude am einfachen Spielen und schienen die Sorgen ihrer Eltern gar nicht wahrzunehmen.

Es gab eine Stelle unweit des Lagers, an dem früher das Tipi des Medizinmanns gestanden hatte. Dort war die Grasdecke bis auf den letzten Halm verschwunden. Hier spielten die Kinder jeden Tag, und die Mädchen stellten sich vor, wie sie im Tipi lebten und den Haushalt führten, während ihre Männer auf der Büffeljagd waren. Eines Tages, während sie sich mitten im Spiel befanden, war plötzlich ein Junge unter ihnen, den sie vor diesem Tag noch nie gesehen hatten. Er gehörte auf jeden Fall nicht zu ihrem Lager. Da in ihrer Spielfamilie aber gerade ein Krieger fehlte, kam er ihnen gelegen, und sie ernannten ihn kurzerhand zum Familienoberhaupt und gaben ihm ein kleines Mädchen zur Frau. Sie fragten ihn auch nicht, woher er kam, sondern freuten sich über sein Dasein, da er ein besonders lieber und aufmerksamer Spielgefährte war.

Eine ganze Woche kam der Junge jeden Morgen zum Spielplatz, um sich mit den anderen zu vergnügen. Abends jedoch verschwand er auf geheimnisvolle Weise. Am siebten Tag brachte er morgens Büffeltalg und getrocknetes Büffelfleisch mit und gab es seinen Spielgefährten. Heimlich schnitt eines der Mädchen ein Stück Fleisch ab und nahm es am Abend mit zu ihrer Mutter. Sie erzählte ihr, daß der Junge seit einigen Tagen mit ihnen spielte und daß er ihr Gemahl war. Wie es sich für einen guten Krieger gehörte, so hätte er Fleisch mit ins Tipi gebracht. Dies hörte ihr Vater, der genau wußte, daß es im ganzen Lager kein einziges Stück Büffelfleisch mehr gab. Von Büffeltalg ganz zu schweigen, denn das hatte der Stamm vor Monaten zum letzten Mal gegessen. Weit und breit war die Prärie leer vom Rauch der Feuer, denn nirgends war in den letzten Wochen ein Büffel gefangen worden, der hätte gebraten werden können. Die Prärie war so offen, daß man auch die Feuer anderer Lager sehen konnte. Auch dort war kein Rauch aufgestiegen. Also konnte der Junge auch nicht aus einem anderen Lager stammen. Daher befahl der Vater dem Mädchen, den Jungen beim nächsten Mal festzuhalten und ihn zu bitten, mit in das Tipi ihres Vaters zu kommen.

Am nächsten Abend zog das kleine Mädchen den Jungen mit in ihr Lager. Aber der Junge wollte nicht und wehrte sich. Jedesmal, wenn er einen Laut ausstieß, dann hörte es sich wie jener Laut an,

*den Büffelkälber von sich geben, wenn sie von erwachsenen Tieren
fortgestoßen werden. Als die beiden schließlich das Tipi des Vaters
erreicht hatten, ergab sich der Junge seinem Schicksal und sprach:
»Gut, ich werde mit in das Tipi deines Vaters kommen. Aber zuvor
müßt ihr das Zelt mit Zedernholz und Salbei reinigen, damit der
Geruch der Menschen daraus verschwindet.«*

*Als das Zelt ausgeräuchert war und der Junge das Tipi betrat,
setzte der Vater ihn auf den Ehrenplatz gegenüber vom Eingang.
Dann legte er Steinperlen und weiße Muscheln vor den Gast. »Da
ich dein Mädchen geheiratet habe, will ich auch hier bei euch
bleiben«, begann der Junge zu sprechen. »Aber es wird der Tag
kommen, wo ich zu den Meinen zurückkehren werde.« Das Annehmen der Geschenke, die der Vater vor den Jungen gelegt hatte und
das Anbieten des Ehrenplatzes bezeichneten seit alters her den
Bräutigam.*

*Es dauerte nicht lange, da verließ der Junge eines Morgens das
Lager und die Stammesmitglieder sahen plötzlich ein Büffelkalb
davonlaufen. In der Ferne sahen sie eine Bisonkuh, die auf das Kalb
zukam und es zärtlich ableckte.*

*In diesem Augenblick verstanden sie, daß ihr Gast kein gewöhn-
licher Junge gewesen war. Und auch der Vater des Mädchens wußte
nun, daß der Junge alles tun würde, um dem Lager zu helfen.*

*Niemand aber hörte die Worte, die die Mutter zu ihrem kleinen
Jungen sprach, als dieser zu ihr zurückkehrte. »Ich weiß, daß du
bei den Menschenwesen warst und ein Mädchen von dem Stamm
geheiratet hast. Nun geh in Richtung Norden, suche deinen Vater
und erzähle ihm, was du gemacht hast. Bevor du losgehst, rolle dich
in einem Sumpfloch.« Die Mutter sprach diese Worte ohne jeglichen
Zorn, sondern stupste ihn liebevoll an. Das Kalb rollte sich in einem
sumpfigen Wasserloch, und als es wieder aufstand, stand es als*

erwachsener Bulle da mit blanken Hörnern und zotteliger, struppiger Mähne.

Er ging los, um seinen Vater zu suchen, und wanderte immer weiter Richtung Norden, stets auf der Suche nach seinem Vater. Er wußte genau, wie dringend seine menschliche Familie die Hilfe der Büffel benötigte, weil sie sonst alle den Hungertod sterben würden.

Schließlich traf er nach einigen Tagen einen alten, zotteligen Bullen. »Enkel«, sprach dieser den jungen Bullen an. »Ich weiß wohl, daß du dich mit den Menschenwesen eingelassen hast. Sie schaden dir, denn sie sind selbstsüchtig und heimtückisch. Aber das mußt du selbst wissen. Es ist deine Sache, mit wem du dich einläßt. Ich will dir von meiner Kraft geben, damit du mächtig bist und dich in schlechten Zeiten stark fühlst.« Darauf legte er seine Schnauze auf den Rücken des jungen Büffels und rieb ihn. Dann legte er die Schnauze auf die des jungen Büffels und blies ihm so seinen Atem ein. Danach fuhr er fort: »Dein Vater ist nicht weit von hier im Tipi der Zaubertrommel. Er wartet schon auf dich. Folge seinem Rufe, dann wirst du ihn finden.«

So kam der junge Bulle bald zum Lager seines Vaters. Dort ging ein alter, stolzer Bulle mit einer Halskette aus weißen Muscheln im Lager herum. »Enkel«, sprach der alte Büffel den jungen an, »dein Vater erwartet dich schon. Folge daher dem Gesang der Trommel, und du wirst ihn bald finden.« Daraufhin rief er mit tiefer, dröhnender Stimme: »Der Sohn vom Büffel-der-Ausschau-hält ist angekommen!«

Der Vater des jungen Büffels wußte, weswegen sein Sohn ihn aufsuchte. »Ich weiß, daß du im Süden warst und unter die Menschen gegangen bist, obwohl es nicht gut für dich ist. Und du weißt, daß du für deinen Schwiegervater Fleisch besorgen mußt, wie es die Aufgabe eines guten Kriegers ist.« Der Alte sprach ernst und schaute seinen Sohn dabei an: »Beim nächsten Vollmond, der in fünf Tagen sein wird, werden wir bei deinen menschlichen Verwandten eintreffen. Wir wollen, daß die Menschen uns mit Respekt begegnen und uns für unsere Dienste Adlerfedern, rote Stoffe und blaue Kriegsfarbe geben. Geh nun und erzähle den Menschenwesen davon.«

Mit tiefer Trauer nahm der Sohn Abschied und ging zu den Menschen zurück.

Als die Menschen hörten, daß beim nächsten Vollmond die Herden erscheinen würden, waren sie voller Freude und Dankbarkeit. Für den Schwiegersohn sammelten sie die Geschenke, die dieser erwähnt hatte, und legten sie in sein Tipi, das mitten im Lager stand. Danach bereiteten sie sich auf die kommende Jagd vor. Beim Vollmond erschienen die Büffel stolz und erhobenen Hauptes im Lager, obwohl sie wußten, daß sie der Tod erwartete. Nach der Jagd schmückten die Menschen die toten Tiere mit den Adlerfedern, rotem Stoff und Muschelketten und rieben blaue Kriegsfarbe zwischen die Hörner. Sie taten dies in größer Achtung vor den Büffeln, die für die Menschenwesen ihr Leben gelassen hatten.

Nachdem die Büffel erschlagen waren und die Menschen Vorbereitungen trafen, um sie zu schlachten und das Fleisch zu dörren, sprach der Sohn von Büffel-der-Ausschau-hält: »Ich werde euch jetzt verlassen, denn alle meine Verwandten liegen tot in eurem Lager. Ich werde aber trotzdem bis an euer Lebensende für euch dasein, und ihr könnt euch auf mich verlassen. Wenn am Abend eine kleine Büffelherde von Westen her in euer Lager kommt, tötet nur den Bullen mit den glänzenden Hörnern. Nehmt sein Haupt und bewahrt es im Tipi des Medizinmannes auf. Wenn schlechte Zeit kommt und der Hunger durch euer Lager zieht, dann erzählt es dem Bullen. Dann will ich kommen, um euch zu helfen.«

Als sich der Tag neigte und die Sonne hinter den Bergen verschwand, tauchte von Westen eine kleine Herde auf, die im Lager erschien. Allen voran lief ein großer Büffel mit blanken Hörnern und zottiger Wolle. Die Menschen töteten ihn, so wie es ihnen der Sohn von Büffel-der-Ausschau-hält gesagt hatte. Den mächtigen Kopf bewahrten sie im Zelt des Medizinmannes auf, so wie es gewünscht worden war. Sie behandelten ihn mit großer Ehrfurcht und jedes Mal, wenn der Hunger durchs Land ging, streuten sie blaue Erde auf das heilige Haupt. Sie beteten und baten den Büffelgeist um Hilfe, und stets kamen große Herden, um das Unglück des Verhungerns von dem Volk abzuwenden. So erzählen noch heute die alten Männer, die den heiligen Büffelkopf noch gesehen haben.

Für die nordamerikanischen Indianer präsentiert sich der Große Geist in Pflanzen, Tieren und Steinen. Im Prinzip ist der Große Geist alles: Menschen, groß und klein, jung und alt; Tiere, schwache und starke; Pflanzen, giftig oder harmlos. In allem ist der Große Geist oder »Manitou« enthalten. Und alles bedingt sich gegenseitig, das eine braucht das andere. So ist es nicht verwunderlich, daß Tiere als Repräsentanten des Großen Geistes geachtet werden, und die Ehrfurcht, die die Indianer den Tieren in ihren Geschichten entgegenbringen, verständlich: Von dem berühmten Häuptling Black Elk stammt der Satz: »Der Büffel ist der Häuptling aller Tiere und repräsentiert die Erde, die Gesamtheit von allem, was ist.«[8]

Schamanen und Häuptlinge besitzen ein zweites Ich, ein sogenanntes Alter Ego. Dieses lebt in einem Tier – bei südamerikanischen Schamanen in einem Jaguar – oder aber in einer Pflanze. Das Tier oder die jeweilige Pflanze werden dann als Doppelgänger des Schamanen bezeichnet. Oftmals ist die Verbindung zwischen einem

Menschen und seinem Alter Ego so eng, daß beide das gleiche Schicksal ereilt. So ist es ein Tabu, das jeweilige Alter-Ego-Tier des Häuptlings zu töten.

Besonders stark ist dieser Glaube bei zahlreichen Stämmen Zentralafrikas vertreten. Stirbt dort ein Häuptling, zeigen sich die Leoparden, die sein Alter Ego darstellen. Sie kommen an den Rand des Dorfes, um ihren »Kollegen« abzuholen. Wird wiederum nach dem Tod eines Häuptlings ein Leopard erlegt, dann sind die Stammesmitglieder der festen Überzeugung, den verstorbenen Häuptling in der Hülle des Leoparden ins Dorf zurückzubringen.[9]

Aber auch in unserer Kultur gibt es Mythen über Tiere und ihre enorme Kraft. So wurde dem Bären, der auch bei den sibirischen Schamanen einen Sonderstatus innehat, in Europa ein besonderer Platz zugewiesen: Zeus wurde von Bärinnen gesäugt, die in undurchdringbarem Gebirge wohnten. Immer wieder gaben sie dem jungen Gott ihre Milch. Der Bärinnenmilch verdankt er seine unüberwindbare Kraft.[10]

Gerade weil Tiere Kraftspender sind und Schutzfunktionen haben, ist es wichtig, dies zu honorieren. Was mit den Menschen passieren kann, wenn sie Tieren nicht genügend Achtung erweisen und mehr nehmen als notwendig ist, zeigt ein südamerikanisches Märchen:

Der rollende und grollende Totenschädel
(Südamerika)

Es lebte ein Stamm von Indianern tief im Innern des Regenwaldes. Sie lebten abseits von den Städten. Während die Frauen im Dorf blieben, gingen die Männer oftmals für einige Tage zur Jagd.

Abends lagerten sie an einem großen Feuer, und die Bratroste waren schwer mit dem Fleisch der Tiere beladen, die sie den ganzen Tag über gefangen und vor Sonnenuntergang getötet hatten. Zahlreiche Kapuzineraffen steckten mit ausgebreiteten Armen am Spieß und schienen in den Himmel zu stieren. Aber auch Brüllaffenschwänze, Hinterläufe von Jaguars, Schlangen und sogar Krokodile und allerlei andere Tiere wurden gebraten, um sie dann mit ins Dorf zurückzubringen. Sie sollten dem Stamm Nahrung für die nächsten Wochen geben. Es sah aus wie auf einem Schlachtfeld: Rund um den Lagerplatz lagen Köpfe, Felle und Eingeweide der erlegten Tiere, und ein ekelhafter Geruch breitete sich aus.

Die Jäger, die glaubten, daß die Jagdgötter besonders freundlich gestimmt waren, wollten ihr Glück nutzen und waren noch ein zweites Mal losgezogen, um weitere Tiere zu jagen. Der Platz wurde nur von einem Jungen beaufsichtigt, der damit beschäftigt war, das bratende Fleisch zu wenden und hier und da ein Stück davon zu naschen. Plötzlich erschien ein Mann auf dem Lagerplatz, den der Junge nie zuvor gesehen hatte. Der Fremde ging auf dem Lagerplatz umher und schaute sich mit bitterbösem Gesichtsausdruck all die Köpfe, Felle und Eingeweide der getöteten Tiere an. Er ging umher und zählte die Hängematten und so stumm und mysteriös wie er gekommen war, verschwand er wieder.

Als die Jäger abends erfolgreich von ihrer Jagd zurückkehrten, erzählte der Junge ihnen das Ereignis. Aber keiner wollte ihm so recht glauben. Doch als sich die Männer abends in ihre Hängematten legen wollten, erzählte der Junge seinem Vater die Geschichte von neuem, und dieser wurde schrecklich mißtrauisch.

So kam es, daß er und der Junge ihre Hängematten losbanden, und sich ein Stück vom Lagerplatz ins Dickicht zurückzogen. Es dauerte nicht lange, da hörten sie das Schreien von Eulen, das

Brüllen von Tigern und furchterregende Geräusche anderer Urwaldtiere. Aber auch Menschenschreie und das Brechen von Knochen waren zu vernehmen. Als es still geworden war, sagte der Vater zu seinem Sohn: »Das war Kurupira und sein Anhang, der sich für den Mord an den anderen Waldtieren rächt und die Jäger tötet.«

Als der Morgen anbrach, gingen die beiden angsterfüllt zurück zum Lagerplatz. Der Platz war in einem fürchterlichen Zustand: Es lagen zerbissene Menschenknochen auf dem Boden oder in blutbefleckten Hängematten. Unter einer lag der Kopf eines Jägers. Als der Mann und der Junge das schreckliche Bild nicht weiter ertragen konnten und sich zum Gehen wandten, rief der Kopf plötzlich hinterher: »Halt ihr beiden! Nehmt mich mit!« Der Mann sah sich erstaunt um. »Bring mich doch nach Hause, Großvater!« richtete der Kopf seine Bitte erneut an den Vater. Dieses Mal klang es aber wesentlich flehender.

Der Vater sandte den Sohn ins Dorf, um den anderen zu erzählen, was sich ereignet hatte. Er selbst riß einen Sipo ab, band den Schädel an und schleifte ihn hinter sich auf dem Boden her. Aber schon nach kurzer Zeit wurde ihm die ganze Sache unheimlich, und er ließ den Kopf einfach auf dem Weg zurück. Als er schnellen Schrittes weiterlief, rollte der Kopf wie ein Kürbis hinter ihm her und schrie mal böse, mal flehend: »Gevatter! Gevatter! Nun warte doch auf mich! Nimm mich doch mit!« Der Mann ging langsamer, damit der Schädel neben ihm herrollen konnte. Der Mann wurde immer ängstlicher und fragte sich insgeheim, wie er den Schädel loswerden könnte. Nachdem sie ein Stück weitergegangen waren, sagte der Mann schließlich: »Warte hier. Ich muß nur eben meine Notdurft verrichten und werde dann zu dir zurückkommen.«

Nachdem er dies getan hatte, kehrte er allerdings nicht zu dem Kopf zurück, sondern machte einen Bogen und kehrte auf den Weg zurück. Dort machte er, der schließlich der beste Jäger des Dorfes war, eine Fallgrube, bedeckte sie mit Zweigen und Laub und versteckte sich hinter einem alten Baum.

Unterdessen wartete der Kopf geduldig auf den Mann und wunderte sich, daß er nicht kam. Schließlich rief er: »Gevatter! Was brauchst du so lange? Bist du denn immer noch nicht fertig?« »Nein. Es dauert noch eine Weile«, antwortete der Kot des Mannes. Der Schädel aber antwortete böse: »Zu meiner Zeit, als ich noch Mensch war, konnte der Kot eines Mannes noch nicht antworten!« Wütend machte sich der Schädel auf und rollte den Weg weiter entlang, bis er schließlich in die Fallgrube stürzte. Der Mann sprang hinter seinem Versteck hervor, füllte die Grube mit Erde und eilte zurück in sein Dorf, wo ihn die anderen schon ungeduldig erwarteten.

Als die Nacht hereingebrochen war und der Mann die Ereignisse der letzten Tage zum wiederholten Male den Dorfbewohnern am Lagerfeuer erzählte, hörte man plötzlich, wie vom Wald her laute Schreie näher kamen. »Das ist der Totenschädel!« rief der Mann entsetzt, »er hat sich aus der Grube befreit.«

Der Kopf hatte mittlerweile seine Gestalt verändert. Flügel und Krallen waren ihm gewachsen und er sah aus wie ein riesiger Falke. Mit enormer Geschwindigkeit stürzte er sich auf den ersten, der ihm entgegenkam, fraß ihn auf und verschwand.

Am nächsten Abend versteckte sich der Medizinmann an der Stelle, wo der Weg aus dem Wald herauskam. Er wartete mit Bogen und Pfeil auf den Schädel. Mit der Dunkelheit kamen die gleichen Schreie wie am Vorabend aus dem Wald, und dieses Mal setzte sich das Ungeheuer auf einem Baumstumpf am Waldrand. Er saß da wie ein stolzer Falke. In dem Moment, als er zum Schrei ausholen wollte, schoß der Medizinmann ihm einen Pfeil mitten durchs Herz, und er fiel auf der Stelle tot um.

Die Navajo, aber auch andere Stämme Nord- und Südamerikas betrachten ihr Leben und ihren Körper als ein Geschenk, welches sie von Mutter Erde erhalten haben und welches nach ihrem Tod wieder an sie zurückgegeben wird, und gehen dementsprechend achtsam damit um. Ist für ein Stammesmitglied die Zeit zum Sterben gekommen, wird dies gelassen angenommen, mit Respekt und Achtung Mutter Erde und dem Großen Geist gegenüber:

Lied der Erde
(Nordamerika)

Ich bin von der Erde.
Sie ist meine Mutter. Sie gebar mich mit Stolz.
Sie zog mich auf mit Liebe. Sie wiegte mich am Abend.
Sie schob den Wind herbei und ließ ihn singen.
Sie errichtete mir ein Haus aus harmonischen Farben.
Sie nährte mich mit den Früchten ihrer Felder.
Sie belohnte mich mit der Erinnerung an ihr Lächeln.
Sie bestrafte mich mit dem Dahinschwinden der Zeit.
Und am Ende, wenn ich mich danach sehne fortzugehen,
wird sie mich umarmen für alle Ewigkeit.
Gedicht einer sterbenden Pawnee-Otoe-Indianerin[11]

Ähnlich wie in den indianischen Kulturen ist auch für die Pflanzervölker Melanesiens der Tod ein Lebensspender. Die Dema-Gottheiten, wie z. B. die Göttin Hainuwele, sind mythische Urzeitwesen des frühen Pflanzertums. Aus ihren getöteten und begrabenen Körperteilen entstehen Kulturpflanzen, insbesondere Knollenpflanzen. Während andere Schöpfer und Gottheiten durch Worte und Taten schaffen, werden die Dema-Gottheiten durch ihren Tod selbst zur Schöpfung.[12]

Der Tod der Göttin Hainuwele
(Indonesien)

Als die neun Familien der Menschen auswanderten, kamen sie an den heiligen Ort Tamen siwa. Einer der Menschen hieß Ameta, was Schwarz oder Nacht bedeutet. Eines Morgens ging er mit seinem Hund auf die Jagd, der nach kurzer Zeit ein Schwein aufspürte und es durch den ganzen Wald jagte, bis es schließlich in einen Teich lief. Das Schwein ertrank, und inzwischen hatte auch Ameta den See erreicht und fischte das tote Tier aus dem Wasser.

Zu seiner Verwunderung befand sich am Hauer des Schweins eine Kokosnuß. Ameta war sehr erstaunt über diese Frucht, denn zu der Zeit gab es noch keine Kokosnüsse auf der Erde. Er betrachtete sie sorgfältig von allen Seiten, packte sie dann ein und nahm sie mit nach Hause. Dort legte er sie auf einen Tisch und deckte sie mit seinem kostbarsten Sarong zu. Dann legte er sich nieder, um zu schlafen. Während er schlief, erschien ihm im Traum ein Mann, der zu ihm sprach: »Die Kokosnuß, die du am Hauer des Schweins gefunden hast und mit deinem kostbarsten Sarong bedeckt hast, mußt du morgen bei Sonnenaufgang einpflanzen, denn sie keimt bereits.«

Als Ameta am nächsten Morgen aufwachte, tat er, wie der Mann ihm in dem Traum befohlen hatte. Täglich ging er an den Platz, an dem er die Kokosnuß eingepflanzt hatte und sah, daß sie bereits am dritten Tag hoch gewachsen war. Nach drei weiteren Tagen trug sie bereits Blüten. Ameta kletterte auf die Palme und wollte sich aus den Blüten einen Saft bereiten. Während er damit beschäftigt war, die Blüten abzuschneiden, verletzte er sich und einige Tropfen Blut fielen auf eine Palmblüte. Er unterbrach seine Arbeit und ging nach Hause, um die Wunde zu verbinden. Als er nach drei weiteren Tagen zu der Palme zurückkam, sah er, daß sich sein Blut mit dem Saft der Blüten vermischt hatte und daß daraus ein Mensch wurde. Das Gesicht war schon im Ansatz zu erkennen. Und als Ameta nach drei weiteren Tagen zu der Palme zurückkehrte, konnte er schon den Körper sehen und erkannte, daß aus seinen Bluttropfen und dem Blütensaft ein Mädchen entstanden war.

In der darauffolgenden Nacht erschien ihm wieder der Mann im Traum und befahl ihm, das Mädchen in den Sarong zu wickeln, in den er die Kokosnuß gewickelt hatte. Er solle sie darin einwickeln und mit nach Hause nehmen und acht auf sie geben. Auch dieses Mal tat Ameta, wie ihm befohlen. Er nahm sie mit und gab ihr den Namen Hainuwele.

Sie wuchs ebenso schnell heran wie die Palme und bereits nach drei Tagen war sie im heiratsfähigen Alter. Hainuwele war nicht wie die anderen Menschen. Alles was sie tat, war gut. Sogar aus ihrem Unrat entstanden wertvolle Gegenstände, wie kostbare Teller, Gongs oder wertvoller Schmuck, und ihr Vater wurde sehr reich.

In jenen Tagen fand ein großer Maro-Tanz statt, an dem die neun Familien der Menschen teilnahmen und neun Nächte durchtanzen sollten. Sie bildeten eine große neunfache Spirale während des Tanzes. Bei diesem Tanz sitzen die Frauen in der Mitte und reichen den Tänzern Betelnüsse und Getränke. Bei diesem Maro-Tanz also stand Hainuwele in der Mitte der Spirale und bot den Tänzern Nüsse und Getränke an, um sich während des Tanzes zu erfrischen. Als der Morgen anbrach, gingen die Tänzer erschöpft nach Hause, um zu schlafen und um sich für den Tanz der nächsten Nacht auszuruhen. Am nächsten Abend versammelten sie sich an einem anderen Platz, an dem der Tanz fortgesetzt wurde. Wieder wurde das Mädchen Hainuwele in die Mitte gestellt, um die Tänzer während der Nacht zu versorgen. Fragten die Tänzer sie nach Betelnüssen, gab sie ihnen statt dessen wunderschöne Korallen. So drängten alle zu ihr und baten um Nüsse, und alle erhielten Korallen, bis die Sonne aufging und die Tänzer nach Hause gingen. In den darauffolgenden Nächten wurde Hainuwele immer in die Mitte gestellt, und mit jeder Nacht wurden ihre Geschenke kostbarer. Den Menschen der neun Familien wurde die ganze Sache von Nacht zu Nacht unheimlicher und ihre Eifersucht immer größer. Sie waren so eifersüchtig darüber, daß Hainuwele in der Lage war, solche Kostbarkeiten hervorzubringen, daß sie beschlossen, das Mädchen zu töten.

In der neunten Nacht wurde Hainuwele wieder in die Mitte gestellt, um Nüsse und Getreide zu verteilen. Die Männer gruben ein Loch, und in der langsamen kreisenden Tanzbewegung der Spirale drängten sie Hainuwele auf die Grube zu und warfen sie unter lauten Gesängen hinein. Die Trommeln und das Stampfen der Männer waren so laut, daß es die Schreie des Mädchens übertönte, und nachdem die Tänzer mit ihren Tanzbewegungen Erde in die Grube gestampft hatten, war am nächsten Morgen nichts mehr von dem Loch zu sehen.

Als Hainuwele am Ende des Tanzes nicht nach Hause kam, wußte Ameta, was ihr zugestoßen war. Er legte zu Hause ein Orakel und wußte, daß sie auf dem Tanzplatz ermordet worden war. Da schnitt er neun Rippen der Kokospalme ab und steckte sie auf dem Tanzplatz nacheinander in die Erde. Als er sie wieder herauszog, klebten an einigen Blut und Haare von Hainuwele. Unter großer Trauer grub er den Leichnam aus und zerschnitt ihn in viele kleine Stücke. Bis auf die beiden Arme vergrub er die einzelnen Körperglieder rund um den Tanzplatz. Die Arme brachte er zu Satene, jener Frau, die bei der Schöpfung der Menschen aus einer unreifen Banane erschaffen worden war und über die Menschen herrschte.

Die Körperteile von Hainuwele verwandelten sich in Knollenfrüchte, die es bis zu diesem Tag noch nicht auf der Erde gegeben hatte.

Satene war wütend über das Verhalten der Menschen der neun Familien und baute ein großes Tor, das aus einer neunfachen Spirale bestand, genauso wie die Tänzer beim Maro-Tanz gestanden hatten. Satene stellte sich auf eine Seite des Tores auf einen großen Baumstamm. Sie hielt beide Hände von Hainuwele in ihren eigenen Händen und sprach zu den Menschen, die sich auf der anderen Seite des Tores versammelt hatten: »Ich werde von euch gehen, denn ihr habt getötet, und deswegen möchte ich nicht mehr mit euch zusammenleben. Ihr müßt jetzt alle durch das Tor schreiten. Diejenigen, denen es gelingt, bleiben Mensch und diejenigen, die es nicht schaffen, erwartet ein anderes Schicksal.« Die Menschen rannten los und versuchten alle, durch das Tor zu gelangen. Sie schubsten einander zur Seite und versuchten sich zu retten. Wem es gelang, der blieb Mensch, wem nicht, der wurde zum Tier oder zu einem Geist. So entstanden die vielen verschiedenen Tiere wie Hirsche, Vögel, Fische und die vielen Geister, die seitdem auf der Erde leben.

Die Menschen, denen es gelungen war, durch das Tor zu gehen, gingen zu Satene. Die einen gingen links und die anderen rechts an ihr vorbei. Aber alle schlug sie mit den Armen von Hainuwele. Die rechts an ihr vorbeigingen, mußten über neun Bambusstämme springen. Von ihnen kommen die Patasiwa. Die links an ihr vorbeigingen, mußten über fünf Baumstämme springen, und von ihnen stammen die Patalima.

Satene sprach zu den Menschen: »Ab heute werde ich nicht mehr unter euch weilen. Ihr werdet mich erst wieder sehen, wenn ihr gestorben seid. Aber um mich zu treffen, müßt ihr eine lange, beschwerliche Reise machen.« Nach diesen Worten verschwand Satene von der Erde, und seitdem wohnt sie auf dem Totenberg Salahua im West-Ceran und trägt den Namen Nitu. Aber bevor sie diesen Berg erreichen, müssen die Menschen über acht hohe, gefährliche Berge gehen, auf denen andere acht Nitu wohnen. Und auf dem Weg dorthin begegnen ihnen viele gefährliche und böse Tiere.

Es ist ein ewiger Kreislauf: Alles Lebendige kehrt zu seinem Ursprung zurück, zur Mutter Erde. In der folgenden Geschichte wird dieser Aspekt etwas respektloser behandelt.

Das Gleichnis vom Unrat
(Vorderer Orient)

»Eines Tages kam der Scheich Abu Said mit einigen Sufis während eines Spaziergangs an einem Orte vorbei, wo man eine Abortgrube aushob. Der Unrat ergoß sich auf den Weg, und es stank fürchterlich. Die Sufis drehten sich ekelerfüllt um und hielten sich die Nase zu. Der Scheich aber blieb ungerührt stehen und sprach: »Ihr Leute, wißt ihr, was dieser Unrat zu mir sagt?« Die Sufis sprachen: »Oh Scheich, laß uns wissen, was er zu dir spricht.« Der Scheich sagte: »Er spricht folgendes zu mir: Gestern noch war ich als köstliches Gemüse und Fleisch auf dem Markte. Alle kamen herbeigeeilt, *leerten ihre Geldbeutel, feilschten, um mich zu erwerben. Eine Nacht lang war ich dann bei euch, befreite euch von Hunger und sorgte für ein wohliges Gefühl in eurem Bauch. Und nun bin ich so. Müßte ich nicht eher vor euch fliehen, als ihr vor mir?«*

Die Angst und der Tod

Von außen gesehen und solange wir außerhalb des Todes stehen, ist er von großer Grausamkeit. Aber sobald man drinsteckt, erlebt man ein so starkes Gefühl von Ganzheit und Frieden und Erfüllung, daß man nicht mehr zurückkehren möchte.

C. G. Jung[13]

Nur die wenigsten Menschen haben keine Angst vor dem Tod. All die Horror- und Gruselgeschichten, die mit dem Tod in fürchterlichster Gestalt und mit jeder Menge Geistern vollgestopft sind, schüren die Angst. Es gibt zahlreiche Märchen über den Tod in seiner grausamen Erscheinung. Doch diese Seite des Todes möchte ich in diesem Buch nicht näher betrachten.

Der Tod und die rastlosen Seelen

Obwohl der Tod für die meisten Menschen angstbesetzt ist, gibt es auch solche, die eine noch größere Angst vor dem Leben haben. Sie leiden so sehr, daß sie den Freitod bzw. den Selbstmord wählen, in der Hoffnung, daß damit alles Elend aufhört. Glaubt man aber an Wiedergeburt, dann ist es sinnlos, den Schwierigkeiten in diesem Leben zu entrinnen, da man in einem weiteren Leben wieder mit den gleichen »Schwierigkeiten« konfrontiert wird. Und in Kulturen, die nicht an die Wiedergeburt glauben, gibt es auch keine Erlösung. Gewaltsam Verstorbene oder Selbstmörder haben nach dem Tod kein leichtes Los, so wird ihnen oft ein ehrenvolles Begräbnis verweigert, ihre Totenseelen werden zu unheilvollen, unruhigen Wesen, die die Lebenden plagen.[14] Doch ob Wiedergeburt oder nicht – in vielen Kulturen werden die Selbstmörder zu rastlosen Seelen. So haben z. B. die Sadan Toradja in Indonesien die Vorstellung, daß Selbstmörder ihr Totenland nicht erreichen:

»Puya, das Totenland, liegt in derselben kosmischen Schicht wie die Welt der Lebenden, und zwar südlich des von den Sadan Toradja bevölkerten Gebietes. Die meisten Toten gelangen in dieses Totenreich ... Einige Totenseelen erreichen jedoch das Totenland nicht: Die Seelen von Dieben, Selbstmördern und an Lepra Gestorbenen werden bei dem Versuch, eine schwankende Brücke zu überqueren, von Katzen verschreckt und fallen in einen Fluß hinein. Diese Totenseelen, die das Land der Toten nicht erreichen, stellen eine bestimmte Gefahr dar.«[15]

Aus Angst vor umherirrenden Seelen achten Naturvölker genau darauf, daß die Verstorbenen gebührend bestattet werden. Oftmals wird der Schamane eines Stammes beauftragt, die Seele eines Verstorbenen ins Totenreich zu begleiten, damit er auch sicher dort ankommt und den Menschen keine Schwierigkeiten bereitet.

Auf der ganzen Welt gibt es Märchen, die von den Seelen von Selbstmördern handeln, die nach ihrem Tod umherirren. Eines davon stammt aus dem alten China.

Die Geschichte der Geister der Erhängten

(China)

Einst gab es einen großen chinesischen Dichter. Eine seiner Lieblingsbeschäftigungen war, von Geistern zu erzählen. Und obwohl er sie in seinen Geschichten ganz genau beschrieb, hatte er selbst noch keinen einzigen Geist zu Gesicht bekommen.

Ein anderer großer chinesischer Dichter behauptete, daß es keine Geister gebe und schrieb ein dickes Buch darüber. Doch eines Tages kam ein fremder Gelehrter zu ihm und fragte ihn erbost, wie er es wagen könne, die Existenz von Geistern zu verleugnen. Der Dichter versuchte es dem Gelehrten deutlich zu machen und genau zu erklären, warum es keine Geister geben könne. Der Gelehrte wurde bei den Worten des Dichters zornig und fuhr ihn mit funkelnden Augen an: »Ich selbst bin ein Geist.«

Und noch ehe er ausgeredet hatte, verwandelte er sich in einen kleinen Teufel. Seine Haare waren feuerrot und seine Augen funkelten den erschreckten Dichter böse an. Der Teufel sah schrecklich und böse aus. Im nächsten Augenblick aber schon versank er in die Erde und verschwand. Der Dichter war so erschreckt, daß er bald darauf starb.

Die Geschichte fährt fort: Ja, es gibt tatsächlich die verschiedensten Geister, glaubt es mir oder laßt es bleiben. Am schrecklichsten von allen Geistern, die auf dieser Erde umherwandeln, sind die Geister der Erhängten. Oft sind es Frauen, die von ihren Männern schlecht behandelt wurden, meist aus armen Familien vom Land. Solche Bauersfrauen, die von ihren Männern geschlagen werden und nichts zu essen haben, ziehen es vor, ihrem armseligen Dasein ein Ende zu setzen. Statt lange zu leiden, springen sie mit Steinen *behängt in einen Brunnen, oder sie nehmen Gift. In den meisten Fällen aber erhängen sie sich. Und die alten Großväter wissen genügend Geschichten von den Frauen zu erzählen, daß die Geister der Erhängten immer wieder andere Frauen dazu verführen, ihrem Leben ein Ende zu setzen und sich am Dachbalken aufzuhängen und daß dann noch weitere Frauen auf diese schreckliche Art und Weise den Tod finden. Erst durch den Selbstmord einer weiteren Frau wird für die Seelen der Erhängten der Weg zur Unterwelt frei, und sie können ins Rad der Verwandlungen eingehen, um wiedergeboren zu werden und vielleicht ein glücklicheres Leben zu führen. Der Geist der Neuerhängten zieht dann so lange umher, bis auch er eine Stellvertreterin findet, die sich erhängt. Darum erhängten sich im alten China so viele Frauen.*

Nun will ich eine Geschichte erzählen, die ich gehört habe, und ihr könnt mir glauben, daß sie wahr ist.

Es lebte einmal ein junger Soldat. Der wollte von seinem Heimatort in eine andere Stadt ziehen. Es war die Regenzeit, als er auf seiner Reise war, und so kam es, daß er sich bei dem vielen Schlamm und Regen nur langsam vorwärts bewegen konnte und daß er am Abend die Herberge, in der er nächtigen wollte, nicht mehr rechtzeitig erreichte. Nach Sonnenuntergang kam er an einen kleinen See, an dem einige alte Häuser waren. Er bat um Unterkunft, aber es gab nur arme Familien, und keiner hatte Platz für ihn. Da zeigten sie ihm einen alten Tempel in den Bergen, in dem er übernachten könnte.

Als er in den Tempel kam, erkannte er, daß die Götterbilder verfallen waren und nicht mehr voneinander zu unterscheiden. Der Staub lag so hoch, daß seine Schritte nicht mehr zu hören waren, und Spinnengewebe überzogen die Türen. Er ging wieder hinaus ins Freie und gelangte zu einer alten, verfallenen Treppenstufe. Er breitete seine Schlafdecke auf einem flachen Stein aus, band sein Pferd an einen heiligen Baum, holte Reis und seine Feldflasche aus dem Gepäck, machte es sich bequem und fing an zu essen. Kurz zuvor hatte es heftig geregnet, nun verzogen sich die Wolken und der Himmel klarte wieder auf. Der Mond war am Untergehen, der Reiter hatte sich mit dem Reisschnaps einen leichten, aber angenehmen Rausch angetrunken.

Er war müde und wollte sich schlafen legen, als er plötzlich ein Rascheln im Tempel vernahm. Gleich darauf strich ihm ein kühler Wind durchs Gesicht, so daß er erschauerte. Er schaute zum Tempel hinüber, und in dem Moment kam eine Frau in alten, schmutzigen und zerfetzten roten Kleidern aus dem Tempel heraus. Ihr Gesicht war bleich wie eine Wand. Vorsichtig schlich sie durch die Nacht, gerade so, als ob sie befürchtete, von einem Menschen entdeckt zu werden. Der Soldat, einer der mutigsten in dieser Gegend, stellte sich schlafend und blinzelte ihr mit halb geschlossenen Augen nach. Da sah er, wie sie einen Strick aus dem Ärmel ihres alten zerfetzten roten Kleides herauszog und verschwand. Der Soldat sah seine Ahnung bestätigt, daß es sich um den Geist einer Erhängten handelte. Leise stand er auf und folgte ihr ins naheliegende Dorf.

Als sie an ein Haus kam, schlüpfte sie durch einen Türspalt in den Hof. Der Soldat beeilte sich und sprang über eine Mauer, um ihr auf den Fersen zu bleiben. Es war ein altes, verwahrlostes Haus, das nur drei kleine Zimmer hatte. In einem der Zimmer saß eine junge Frau, nicht mehr als zwanzig Jahre alt. Sie saß auf ihrem Bett und weinte bitterlich. Ihr Tuch war schon ganz naß geworden von all den Tränen, die sie vergossen hatte. Neben ihr auf dem Bett schlief ein kleines Kind. Die Frau schaute immer abwechselnd auf das schlafende Kind und dann zum Dachbalken hinauf. Bald weinte sie, bald streichelte sie ihr Kind. Als der Soldat näher an das Fenster *kam, sah er, daß sich der Geist der Erhängten ins Schlafzimmer geschlichen hatte und auf dem Dachbalken saß. Den Strick hatte sie sich um den Hals gelegt und machte die Bewegung des Erhängens. Jedes Mal, wenn sie mit der Hand winkte, schaute die junge Frau zu ihr hinauf. So ging es eine ganze Weile.*

Dann sprach die Frau zu dem Geist der Erhängten: »Du sagst, es sei die beste Lösung zu sterben. Gut, dann will ich sterben. Aber ich bringe es nicht über mein Herz, mich von meinem Kind zu trennen.« Gerade hatte sie den Satz ausgesprochen, da brach sie auch schon wieder in Tränen aus. Das Gespenst schien wahre Freude an diesem Ereignis zu haben, lachte und lockte die junge Frau aufs neue. Dann sprach die Frau: »Gut. Ich werde sterben. Es ist aus, und es wird das beste sein.« Mit diesen entschlossenen Worten stand sie auf und ging zu ihrem Kleiderschrank. Sie holte ihr neues Kleid heraus, zog es an und schmückte sich vor dem Spiegel. Dann holte sie eine Bank hervor und stieg zum Balken hinauf. Sie band ihren Gürtel ab und knüpfte ihn an den Dachbalken. Schon hatte sie den Kopf in die Schlinge gelegt, als das kleine Kind anfing, aus vollem Halse zu schreien. Die Frau stieg wieder hinunter, tätschelte das Kleine und stillte es mit Tränen in den Augen. Und als sie stillte, weinte sie so sehr, daß die Tränen wie eine Perlenschnur hinunterrollten. Das Gespenst wurde böse, denn es dauerte ihm zu lange und es befürchtete, seine Beute zu verlieren.

Nachdem das Kind gestillt war, schlief es ein, und die Frau begann wieder nach oben zum Balken zu blicken. Dann stand sie erneut auf, stieg auf die Bank und legte sich die Schlinge ein zweites Mal um den Hals. In diesem Moment schrie der Soldat laut auf und trommelte mit beiden Fäusten gegen das Fenster. Er schmetterte es entzwei und stieg durchs Fenster in das Zimmer zu der Frau hinein.

Die Frau fiel vor Schreck zu Boden, und der Geist der Erhängten flüchtete wutschnaubend durch das zerbrochene Fenster. Der Mann half der jungen Frau auf die Beine. Er sah den Strick von dem Balken herunterhängen, wie eine Schleife, die kein Ende hatte. Plötzlich fiel ihm ein, daß sein Gepäck und sein Tier noch beim Schloß waren, und er wollte es eiligst holen.

Er ging, und als er ans Ende des Dorfes kam, da stand da der Geist der Erhängten und wartete auf ihn. Ohne Angst ging der Soldat auf ihn zu. Der Geist verneigte sich vor ihm und sprach: »Seit vielen Jahren warte ich nun schon auf eine Frau, die meine Stelle einnimmt. Heute war es endlich so weit. Und was tut Ihr? Ihr habt mir das Geschäft verdorben. Bei dieser dummen Göre ist nichts mehr zu machen. Doch ich besaß ein Ding, das ich gerne wiederhaben möchte. Ich habe es in aller Eile in dem Haus der Kleinen liegenlassen. Ihr habt es doch sicherlich gefunden. Darf ich Euch bitten, es mir zurückzugeben? Daß ich nun keine Stellvertretung habe, das macht mir nichts, aber jenes Ding, das hätte ich schon wieder gerne zurück.«

Der Soldat holte den Strick hervor und lachte: »Du meinst wohl dieses Ding, oder? Wenn ich es dir zurückgebe, wirst du doch erst Ruh geben, wenn sich jemand erhängt. Und das kann ich nicht dulden.«

Mit diesen Worten steckte er den Strick wieder in seine Tasche, warf dem Geist einen bösen Blick zu und sagte: »Mach, daß du hier wegkommst.«

Da wurde der Geist der Erhängten bitterböse. Ihr Gesicht lief grünschwarz an, ihr Haar stellte sich auf wie das einer wildgewordenen Katze, und die Zunge hing weit aus ihrem Mund heraus. Sie streckte beide Hände nach dem Mann aus und wollte ihn fassen. Es entstand ein wilder Kampf, und dabei schlug der Reiter sich selbst auf die Nase, so daß diese anfing zu bluten.

Damit hatte er Glück im Unglück, denn er wußte, daß Geister Menschenblut nicht ertragen können, und so spritzte er ein paar Tropfen Blut nach ihr. Da kreischte sie laut, ließ von ihm, trat einige Schritte zurück und begann fürchterlich zu fluchen. In dem Moment begann der Hahn im Dorf zu krähen und so verschwand sie in ihrem roten, zerfetzten Kleid.

Inzwischen hatten die Bauern im Dorf ihn gesucht, um ihm zu danken, denn das junge Mädchen hatte den anderen Bewohnern im Dorf von ihrer Begegnung mit dem Reiter erzählt. Sie fanden ihn auf dem Acker, sitzend, müde, aber doch stolz, daß es ihm gelungen war, den Geist der Erhängten zu vertreiben.

Dem Tod ein Schnippchen schlagen

> *Vorüber, ach vorüber, geh' wilder Knochenmann.*
> *Ich bin noch jung, geh' Lieber!*
> *Und rühre mich nicht an.*[16]

Um der Angst vor dem Tod zu begegnen, haben Menschen auf der ganzen Welt ähnliche Versuche unternommen. Am weitesten verbreitet und scheinbar auch am beliebtesten ist der Versuch, dem Tod ein Schnippchen zu schlagen. Ihn auszutricksen scheint ihn menschlicher zu machen und läßt darauf hoffen, doch noch einige Jahre mehr hier auf Erden verbringen zu können. Daß es natürlich nicht ganz ungefährlich ist, mit dem Tod zu spielen, zeigt die Geschichte des Spinnenmädchens Anansi.

Das Spinnenmädchen Anansi und der Tod
(Südamerika)

*Das Spinnenmädchen Anansi war bekannt dafür, daß es faul war.
Anansi arbeitete äußerst ungern und lag lieber den ganzen Tag faul
in der Sonne herum. Selbst wenn ihr Magen anfing zu knurren, weil
es nirgends, auch nicht zu Hause, etwas zu essen gab, dachte sie
nur: »Es wird mir sicherlich bald besser gehen, und ich werde dann
bestimmt reichlich zu essen bekommen.« So lag sie den ganzen Tag
auf der faulen Haut, ließ sich die Sonne auf den leeren Bauch
scheinen und schlief.*

*Aber irgendwann wurde sie doch so hungrig, und ihr wurde klar,
daß man vom Träumen allein nicht satt wird. Schweren Herzens
stand sie auf und ging in den nahe gelegenen Wald. Sie hatte so lange
gewartet und war mittlerweile so hungrig geworden, daß sie kaum
noch aus den Augen schauen konnte. Der Magen knurrte laut, die
Beine waren zittrig und da sie vor lauter Hunger nichts Rechtes mehr
erkannte, merkte sie gar nicht, wohin ihr Weg sie eigentlich führte.
Während sie ziellos durch den Wald torkelte, stieg ihr irgendwann
ein ganz verlockender Bratengeruch in die Nase. Mit einem Mal
war sie hellwach, und nun sah sie auch ein Lagerfeuer vor sich.*

*Mit Feuer hatte sie in der Vergangenheit allerlei schlechte Er-
fahrungen gemacht. Sie hatte sich einmal die Finger verbrannt und
so kam es, daß sie es zunächst mied. Doch ihr Hunger war so groß
und der Geruch des Bratens so verlockend, daß sie nicht widerstehen konnte und zum Feuer schlich und erkannte, daß jemand beim
Feuer saß. Es war der Tod. Fröhlich summend saß er da, drehte
einen großen Fleischspieß über den Flammen, der den herrlichen
Duft verbreitete, und klapperte mit den Gebeinen.*

Jedes andere Wesen hätte es mit der Angst zu tun bekommen und einen riesigen Bogen um den Tod gemacht. Anansi wußte es so gut wie all die anderen Bewohner dieser Gegend: Wer den Tod ansprach, fiel auf der Stelle tot um. Jedoch das Spinnenmädchen Anansi war anders als die anderen Menschen in der Gegend. Es hatte einen solchen Bärenhunger, daß ihm quasi gar nichts anderes mehr übrigblieb. Und frech, wie es war, rief sie: »Lieber Tod, ich bin hungrig, bitte gib mir ein Stück Fleisch.«

Der Tod aber summte weiter und tat, als wenn er es nicht gehört hätte. Das Spinnenmädchen überlegte nicht lange, es nahm sich ein Herz, griff nach dem ganzen Braten und rannte eiligst davon. Ohne sich auch nur ein einziges Mal umzudrehen, rannte Anansi durch den ganzen Wald schleunigst nach Hause und aß den ganzen Braten auf einmal auf. Nachdem sie nur noch die Knochen übriggelassen hatte, erzählte sie Takuna von ihrem Erlebnis im Wald und welchen Streich sie dem Tod gespielt hatte.

Takuna bekam einen riesigen Schrecken und wurde ganz bleich im Gesicht. Sie forderte Anansi auf: »Laß den Tod in Ruhe, denn du weißt genau, daß er nur ein Wort zu dir sagen muß, und es ist um dich geschehen!«

»Ach, du hättest ihn sehen sollen! Der Tod ist genauso dumm wie alle anderen! Und langsam ist er allemal«, widersprach Anansi vorlaut. »Du wirst sehen. Morgen werde ich wieder zu ihm gehen und ihm wieder seinen Braten klauen. So schnell, wie ich bin, sieht er nicht mehr als eine Staubwolke von mir.«

Und so kam es, daß Anansi am darauffolgenden Tag wieder in den Wald ging. Dieses Mal sprach sie ihn gar nicht an, sondern schlich sich an sein Lagerfeuer heran, und im Handumdrehen nahm sie sich wieder den Braten des Teufels. Dieses Mal fühlte sie sich sogar so sicher, daß sie sich auf dem Heimweg Zeit ließ, sich zwischendurch auf einem Baumstamm niederließ, um von dem köstlichen Braten zu naschen, bevor sie nach Hause kam und den Rest mit Takuna teilte.

Takuna schimpfte mit ihr, denn sie wußte, daß mit dem Tod nicht zu spaßen war. Sie kannte ihre Nichte auch gut genug und wußte, daß Anansi auch ein drittes Mal zum Tod gehen wollte, um sich wieder einen Braten zu holen, der wirklich nur zu gut schmeckte.

Sie machte sich große Sorgen, und so sprach sie zu dem Spinnenmädchen: »Ein drittes Mal gehe nicht in den Wald, denn der Tod läßt sich nur zwei Mal übertölpeln. Wenn du jedoch nicht auf mich hören willst, so gebe ich dir einen Rat: Wenn der Tod dich packt, und das wird er dieses Mal mit Gewißheit tun, dann schleudere ihm eine Handvoll Asche ins Gesicht, bevor er zu dir sprechen kann . . . und dann laufe, so schnell es nur geht!«

Das Spinnenmädchen dachte eine Zeitlang über Takunas Worte nach. Es hatte aber so großen Gefallen an dem Spiel mit dem Tod gefunden, daß es ihm keine Ruhe ließ, und so kam es, daß es wieder in den Wald zu der Stelle ging, an der der Tod vor dem Feuer saß, einen Spieß mit Fleisch in das Feuer hielt und mit den Gebeinen klapperte. Er saß da und summte vor sich hin, so als wäre er niemals von irgend jemand gestört worden.

Das Spinnenmädchen beobachtete ihn eine ganze Weile, und er erschien ihm so unaufmerksam wie die Tage zuvor. Auch dieses Mal stahl es dem Tod den Braten. Aber dieses Mal schien der Tod es erwartet zu haben. Schnell wie der Blitz sprang er vom Feuer auf und lief ihm nach. Zum Glück hatte sich Anansi die Worte von Takuna gut gemerkt. Sie nahm eine Handvoll Asche und warf sie dem Tod mit voller Wucht in den Mund. Bevor der Tod also ein einziges Wort aussprechen konnte, hatte er den Mund voller Asche und verschluckte sich. Das Spinnenmädchen Anansi nahm die

Beine in die Hand und lief, so schnell es ging, nach Hause und während sie zusammen wieder den köstlichen Braten verspeisten, prahlte es vor Takuna von seiner Begegnung mit dem Tod. Und während es prahlte und die Geschichte ausschmückte, hatte es zittrige Knie und schwor sich und Takuna, nie wieder in den Wald zu gehen, denn ihm war gar nicht so wohl zumute mit seiner Prahlerei.

Nicht nur Südamerika kennt Geschichten davon, wie besonders mutige und waghalsige Wesen versuchen, dem Tod ein Schnippchen zu schlagen. Manchmal sind es auch besonders wachsame Menschen, wie uns die folgende Geschichte lehrt.

Der Schafhirte und der Tod
(Ungarn)

Es war einmal in einem Land, das noch siebenmal weiter weg war als siebenmal sieben Länder. Dort lebte ein Schafhirt, der jeden Winter, jedes Frühjahr sowie auch jeden Sommer und Herbst die Schafe auf der Weide hütete. Er war glücklich mit seinem Leben und mit seiner Herde.

Eines schönen Sommertages hielt er nach einem köstlichen, kleinen Mahl ein Mittagsschläfchen, da es zu heiß war, um mit der Herde weiterzuziehen. Als er gerade von seinem Schläfchen erwacht war, kam der Tod des Weges. Weiß Gott, woher der Tod plötzlich kam! Er war nicht so häufig in dieser Gegend, und während er lief, sah er, wie der Schafhirte sich gerade nach seinem Schläfchen reckte und streckte und sich den Schlaf aus den Augen rieb. Der Tod, klein und griesgrämig, trat näher und sah, wie sich der Schafhirte am Anblick seiner großen Schafherde freute. Es gefiel ihm gar nicht, daß jemand einen solchen Spaß am Leben und an der Schönheit hatte. Und während er den jungen Schafhirten beobachtete und sah, wie sehr sich dieser beim Anblick seiner Weide freute, dachte der Tod sich, daß diese Schafe etwas ganz Besonderes sein müssen, wenn jemand an ihrem Anblick solche Freude empfand, wie es der Schafhirte scheinbar tat.

So ging der Tod zu dem Schafhirten und sprach zu ihm: »Du, Hirte, gib mir eines deiner Schafe.«

»Ja, was zum Teufel willst du damit anfangen?« fragte der Hirte und war erstaunt, daß der Tod ihn um ein Schaf bat.

»Was ich damit anfangen will? Na ja, was machst du denn mit ihnen?«

»Ich hüte sie und freue mich an ihnen.«

»Genau das will ich auch. Ich will mich auch an ihnen freuen«, erwiderte der Tod dem Hirten.

»Hm«, sprach der Hirte, »ich würde dir ja gerne eines geben. Aber es ist nicht gut für eines der Schafe, wenn du es von den anderen trennst. Dann wird es traurig und bestimmt dürr werden, und dann wirst du dich auch nicht mehr an seinem Anblick freuen können«, murmelte der Hirte leise. Er drehte und wendete sich und suchte allerlei Ausreden.

Der Tod hörte es sich an und sprach dann mit ziemlich kalter Stimme: »Wenn du mir eines deiner Schafe abschlägst, dann bleibt mir keine andere Wahl, dann nehme ich halt dich dafür!«

Als der Hirte die Worte des Teufels hörte, bekam er es doch mit der Angst zu tun und ging auf den Wunsch des Teufels ein: »Bevor du mich nimmst, da gebe ich dir doch lieber eines meiner Schafe«, sagte er recht höflich, »welches möchtest du haben?«

»Nun, gib mir das schönste von deinen Schafen.«

Ohne zu zögern ging der Schafhirte durch seine Herde und suchte das schönste seiner Tiere heraus und fing es ein.

»Sieh dir dieses schöne Tier an, welches ich für dich gefangen habe«, sagte er zum Tod.

Dieser antwortete sichtlich zufrieden: »Ja, es gefällt mir gut.«

Der Schafhirte sagte dem Tod: »Ich bringe es dir auch gerne nach Haus. Wohnst du weit von hier?«

»Nein, nicht so weit«, antwortete der Tod erfreut.

»Ich trage es dir nach Hause, denn sonst habe ich es dir umsonst gegeben, wenn du es nicht nach Hause tragen kannst.« Mit diesen Worten hob er das Schaf auf und lud es sich um den Nacken. Der Tod schritt voran und der Hirte folgte ihm mit dem schönsten Schaf seiner Herde auf den Schultern.

Am Haus des Todes angekommen, nahm der Hirte das Schaf von den Schultern. Der Tod sprach zum Hirten: »Komm herein in meine Stube, ich möchte dir ein kleines Geheimnis preisgeben. Ich werde dir jetzt einen Haufen Garnknäuel zeigen, die ich hüte!« Und prahlend fuhr er fort: »Jedes Knäuel ist ein Menschenleben. Und wenn das Garn auf dem Knäuel zu Ende geht, dann muß auch der Mensch bald sterben, zu dem dieses Knäuel gehört.«

Der Schafhirte, schlau wie er war, bat den Tod: »Dann zeige mir doch bitte mein Knäuel, ich möchte gerne wissen, wieviel Garn noch darauf ist und wieviel Zeit mir noch für meine Herde bleibt.«

Der Tod wollte dem Schafhirten als Dank für das Schaf den Gefallen erwidern, und so suchte er zwischen vielen Garnknäueln in den unterschiedlichsten Farben, mal gelb, mal grün und mal blau herum, und es dauerte auch nicht allzulange, bis er das Knäuel des Hirten gefunden hatte, und er zeigte es ihm: »Hier ist es.«

Es war ein dickes Knäuel mit kräftigem, rotem Faden, auf dem noch reichlich Garn war.

Als der Hirte es sah, freute er sich, denn jetzt wußte er, daß er noch ein langes Leben vor sich hatte, und daß der Tod ihn nicht ohne weiteres zu sich nehmen konnte. So nahm er das Schaf wieder auf seine Schultern, und ohne sich noch einmal umzusehen, lief er mit ihm davon.

Der Tod merkte erst jetzt, was passiert war: »Zum Teufel, hätte ich ihm doch besser ein Garnknäuel gezeigt, auf dem nur noch wenig Garn ist, dann wäre er nicht wieder mit dem Schaf weggelaufen.«

Nun, so war es nun einmal geschehen. Der Schafhirte lief fröhlich und in bester Stimmung zu seiner Herde zurück und freute sich wieder am Anblick seiner schönen Herde.

Und wenn er nicht gestorben ist, dann lebt dieser Schafhirte noch heute.

Eines der bekanntesten Märchen aus Europa über den Gevatter Tod und den Versuch, ihm ein Schnippchen zu schlagen, stammt aus den »Kinder- und Hausmärchen« der Brüder Jakob und Wilhelm Grimm. Die Brüder Grimm sammelten deutsche Volksmärchen, schrieben sie nieder und veröffentlichten sie zwischen 1812 und 1815 in zwei Bänden.

Der Gevatter Tod
(Deutschland)

Es hatte ein armer Mann zwölf Kinder und mußte Tag und Nacht arbeiten, damit er ihnen nur Brot geben konnte. Als nun das dreizehnte zur Welt kam, wußte er sich in seiner Not nicht zu helfen, lief hinaus auf die große Landstraße und wollte den ersten, der ihm

67

begegnete zum Gevatter bitten. Der erste, der ihm begegnete, war der liebe Gott. Der wußte schon, was er auf dem Herzen hatte, und sprach zu ihm: »Armer Mann, du dauerst mich, ich will dein Kind aus der Taufe heben, will für es sorgen und es glücklich machen auf Erden.« Der Mann sprach: »Wer bist du?« – »Ich bin der liebe Gott.« – »So begehre ich dich nicht zum Gevatter«, sagte der Mann, »du gibst dem Reichen und lassest den Armen hungern.« Das sprach der Mann, weil er nicht wußte, wie weislich Gott Reichtum und Armut verteilt.

Also wendete er sich von dem Herrn und ging weiter. Da trat der Teufel zu ihm und sprach: »Was suchst du? Willst du mich zum Paten deines Kindes nehmen, so will ich ihm Gold in Hülle und Fülle und alle Lust der Welt dazu geben.« – Der Mann fragte: »Wer bist du?« – »Ich bin der Teufel.« – »So begehre ich dich nicht zum Gevatter«, sprach der Mann, »du betrügst und verführst die Menschen.« Er ging weiter; da kam der dürrbeinige Tod auf ihn zugeschritten und sprach: »Nimm mich zum Gevatter.« Der Mann fragte: »Wer bist du?« – »Ich bin der Tod, der alle gleich macht.« Da sprach der Mann: »Du bist der rechte, du holst die Reichen wie die Armen ohne Unterschied, du sollst mein Gevattersmann sein.« Der Tod antwortete: »Ich will dein Kind reich und berühmt machen; denn wer mich zum Freunde hat, dem kann nichts fehlen.« Der Mann sprach: »Künftigen Sonntag ist die Taufe, da stelle ich dich zur rechten Zeit ein.« Der Tod erschien, wie er versprochen hatte, und stand ganz ordentlich Gevatter.

Als der Knabe zu Jahren gekommen, trat zu einer Zeit der Pate ein und hieß ihn mitgehen. Er führte ihn hinaus in den Wald, zeigte ihm ein Kraut, das da wuchs, und sprach: »Jetzt sollst du dein Patengeschenk empfangen. Ich mache dich zu einem berühmten Arzt. Wenn du zu einem Kranken gerufen wirst, so will ich dir jedesmal erscheinen: Steh' ich zu Häuptern des Kranken, so kannst du keck sprechen, du wolltest ihn wieder gesund machen, und gibst ihm dann von jenem Kraut ein, so wird er genesen. Steh' ich aber zu Füßen des Kranken, so ist er mein, und du mußt sagen, alle Hilfe sei umsonst, und kein Arzt in der Welt könne ihn retten. Aber hüte dich, daß du das Kraut nicht gegen meinen Willen gebrauchst: Es könnte dir schlimm ergehen.«

Es dauerte nicht lange, so war der Jüngling der berühmteste Arzt auf der ganzen Welt. »Er braucht nur den Kranken anzusehen, so weiß er schon, wie es steht, ob er wieder gesund wird, oder ob er sterben muß«, so hieß es von ihm, und weit und breit kamen die Leute herbei, holten ihn zu den Kranken und gaben ihm so viel Geld, daß er bald ein reicher Mann war. Nun trug es sich zu, daß der König erkrankte: Der Arzt ward berufen und sollte sagen, ob Genesung möglich wäre. Wie er aber zu dem Bette trat, so stand der Tod zu den Füßen des Kranken, und da war für ihn kein Kraut mehr gewachsen. »Wenn ich doch einmal den Tod überlisten könnte«, dachte der Arzt, »er wird's freilich übelnehmen, aber da ich sein Patenkind bin, so drückt er wohl ein Auge zu; ich will's wagen.« Er faßte also den Kranken und legte ihn verkehrt, so daß der Tod zu Häuptern desselben zu stehen kam. Dann gab er ihm von dem Kraute ein, und der König erholte sich und war wieder gesund. Der Tod aber kam zu dem Arzt, machte ein böses und finsteres Gesicht, drohte mit dem Finger und sagte: »Du hast mich hinters Licht geführt; diesmal will ich dir's nachsehen, weil du mein Patenkind bist, aber wagst du das noch einmal, so geht dir's an den Kragen, und ich nehme dich selbst mit fort.«

Bald hernach verfiel die Tochter des Königs in schwere Krankheit. Sie war sein einziges Kind, er weinte Tag und Nacht, daß ihm die Augen erblindeten, und ließ bekannt machen, wer sie vom Tode errettete, der sollte ihr Gemahl werden und die Krone erben. Der Arzt, als er zu dem Bette der Kranken kam, erblickte den Tod zu ihren Füßen. Er hätte sich der Warnung seines Paten erinnern sollen, aber die große Schönheit der Königstochter und das Glück, ihr Gemahl zu werden, betörten ihn so, daß er alle Gedanken in den Wind schlug. Er sah nicht, daß der Tod ihm zornige Blicke zuwarf, die Hand in die Höhe hob und mit der dürren Faust drohte; er hob die Kranke auf und legte ihr Haupt dahin, wo die Füße gelegen hatten. Dann gab er ihr das Kraut ein, und alsbald röteten sich die Wangen, und das Leben regte sich von neuem.

Der Tod, als er sich zum zweitenmal um sein Eigentum betrogen sah, ging mit langen Schritten auf den Arzt zu und sprach: »Es ist aus mit dir, und die Reihe kommt nun an dich«, packte ihn mit seiner eiskalten Hand so hart, daß er nicht widerstehen konnte, und führte ihn in eine unterirdische Höhle. Da sah er, wie tausend und tausend Lichter in unübersehbaren Reihen brannten, einige groß, andere halbgroß, andere klein. Jeden Augenblick erloschen einige, und andere brannten wieder auf, also daß die Flämmchen im beständigen Wechsel hin und her zu hüpfen schienen. »Siehst du«, sprach der Tod, »das sind die Lebenslichter der Menschen. Die großen gehören Kindern, die halbgroßen Eheleuten in ihren besten Jahren, die kleinen gehören Greisen. Doch auch Kinder und junge Leute haben oft nur ein kleines Lichtlein.« – »Zeig mir mein Lebenslicht«, sagte der Arzt und meinte, es wäre noch recht groß. Der Tod deutete auf ein kleines Endchen, das eben auszugehen drohte, und sagte: »Siehst du, da ist es« – »Ach, lieber Pate«, sagte der erschrockene Arzt, »zündet mir ein neues an, tut mir's zuliebe, damit ich meines Lebens genießen kann, König werde und Gemahl der schönen Königstochter.« – »Ich kann nicht«, antwortete der Tod. »Erst muß eins verlöschen, eh' ein neues anbrennt.« – »So setzt das alte auf

ein neues, das gleich fortbrennt, wenn jenes zu Ende ist«, bat der
Arzt. Der Tod stellte sich, als ob er den Wunsch erfüllen wollte,
langte ein großes Licht herbei: Aber weil er sich rächen wollte,
versah er's beim Umstecken absichtlich, und das Stückchen fiel um
und verlosch. Alsbald sank der Arzt zu Boden und war nun selbst in
die Hand des Todes geraten.[17]

Sich den Tod zum Freund machen

Überall versuchen Menschen, sich mit dem Tod zu arrangieren. Es
ist schwer, sich vorzustellen, daß Menschen, die uns lieb und teuer
waren, nie mehr da sein werden. Es gibt zahlreiche Völker, für die
mit dem Tod nicht alles aufhört. Sie gehen davon aus, daß die
Verstorbenen jedes Jahr wieder zu ihren Familien zurückkehren.

Der zuckersüße Tod der Mexikaner

Über den Tod schweigen wir in unseren Breitengraden meistens.
Besonders an den ersten beiden Novembertagen herrscht eine be-
drückende Stimmung auf den Friedhöfen, was auch mit am trüben
Herbstwetter liegen mag. Diese beiden Tage Allerheiligen (1. November) und Allerseelen (2. November) sind Gedächtnistage für die
Toten. Allerheiligen wird seit dem 9. Jahrhundert in der abendländischen Kirche und bis zum heutigen Tag bei den Katholiken
gefeiert und ist, wie der Name schon sagt, das Angedenken an die
Heiligen. Allerseelen ist der Tag, der allen Verstorbenen gewidmet
ist. Regnerische, graue Herbsttage, Trauer und Depressionen sind
typisch für diese »Feiertage«.

Die Mexikaner feiern das Allerseelenfest anders. Der 1. November wird dort zu einem einzigen großen Fest, auf das sich schon alle Einwohner – und mittlerweile auch viele Touristen – lange Zeit vorher freuen. Die Mexikaner bereiten ihren verstorbenen Freunden und Verwandten einen festlichen, farbenfrohen Empfang. An Allerheiligen – so glauben viele Mexikaner – bekommen die Toten Urlaub aus dem Jenseits, um ihre Verwandten zu besuchen. Und das ist natürlich ein Festtag! Diesen Tag gestalten die Familien besonders schön und alle helfen dabei. Kinder basteln bunte Blumen aus Papier, mit denen das ganze Haus geschmückt und dekoriert wird, die Frauen kochen und backen. Der Tod ist nicht nur etwas Schreckliches, das die Hinterbliebenen in tiefe Depression stürzt – an diesem Tag darf, ja soll gefeiert werden, im Angedenken an die Toten. Wenn man feiert oder lacht, heißt dies ja nicht, daß man die Verstorbenen nicht vermißt oder nicht um sie trauert! Das eine schließt das andere nicht aus.

Das herannahende Fest kündigt sich schon in den letzten Oktobertagen an. Die Schaufenster der Geschäfte sind angefüllt mit Skeletten aus Pappe oder Gummi. In allen möglichen Darstellungen begegnet einem der Tod: Auf den Märkten gibt es kleine Aschenbecher, die aussehen wie ein Sarg, Plastikskelette baumeln an Verkaufsständen herum und dienen als Spielzeug. Catrina, Knochendame und Markenzeichen des Totenfestes, gibt es in allen Farben auf T-Shirts. Um das Ganze noch etwas zu versüßen, verkaufen Bäckereien Totenschädel aus Schokolade und Zucker. Auf der Stirn stehen Vornamen wie Maria, Diego oder Alberto.

So makaber es für uns klingen mag: Freunde und Verliebte schenken sich diese süßen Totenschädel, manchmal sogar zusammen mit einigen Versen, in denen der Beschenkte auf lustige Art und Weise ums Leben kommt. Natürlich stellt dieses Geschenk keine Verwünschung dar, sondern es ist ein Liebesbeweis dafür, daß die Freundschaft auch über den Tod hinaus währen soll.

In den Wohnhäusern werden Gabentische für die Toten aufgestellt, voll mit den Lieblingsspeisen und Getränken des Verstorbenen. Gefüllte Fladenbrote, süßes Kürbiskompott, Zigaretten und natürlich das Totenbrot, das bei diesem Fest nicht fehlen darf. Das ist ein süßer Kuchen, der extra für diesen Tag gebacken wird. Auf den Gabentischen verstorbener Kinder findet man Limonade, Kakao und Spielzeug.

Damit die Toten auch wirklich den Weg zur Erde zurückfinden, werden vor dem Haus bis hin zum Gabentisch gelbe Blumen aufgestellt. Nach Ansicht der Mexikaner ist Gelb eine Farbe, die Tote besonders gut sehen können. An Allerheiligen werden mexikanische Friedhöfe zum Festplatz. Familien wandern zu den Gräbern, nehmen Speisen mit und verbringen dort auch die Nacht. Um Mitternacht ist es dann wieder Zeit für die verstorbenen Seelen, zurück ins Totenreich zu gehen.

In diesem fröhlichen Umgang der Mexikaner mit ihrer Furcht vor dem Tod, in diesem Ritual, welches sie von den Indianern übernommen haben, ist ein Trost enthalten. Sie wissen, daß sie nach ihrem Tod zumindest einmal im Jahr wieder auf die Erde zurückkehren. So heißt es in einem indianischen Gedicht aus Mexiko:

> *Wenn wir sterben, sterben wir nicht wirklich.*
> *Weil wir leben, kommen wir zurück zum Leben.*
> *Wir leben weiter, wir sind wach, und das macht uns froh.*[18]

Es ist eigentlich eine sehr schöne Vorstellung, dem Tod und den Toten so zu begegnen, wie die Mexikaner es jährlich tun, und daraus ein Fest zu machen. Ich kann mir vorstellen, daß eine verstorbene

Seele lieber zu einer fröhlichen, ausgelassenen Familie zurückkehrt als zu einem traurigen, deprimierten Haufen.

Wiedersehen mit den verstorbenen Seelen in Japan

Auch die Japaner haben ein großes Fest für ihre Verstorbenen, das sie allerdings nicht im November, sondern Mitte August feiern. Das O-Bon-Fest wird am Suwa-Ko, einem See in den japanischen Alpen in der Region Nagano, gefeiert. Auch hier kehren die Seelen der Verstorbenen für drei Tage zu den Lebenden zurück. Zu diesem Anlaß kommen alle Familienmitglieder nach Hause. Drei Tage feiern die Japaner die Lebenden sowie die Toten.

Das Fest beginnt schon Tage vor dem eigentlichen Ereignis: In den Häusern werden kleine Hausaltare errichtet, die den Verstorbenen gewidmet werden. Essensvorbereitungen werden getroffen, die Gräber werden geschmückt und mit Blumen für die Festtage hergerichtet.

Der Höhepunkt des O-Bon-Festes ist das Feuerwerk, das den Seelen den Weg vom Himmel zeigen soll. Es findet am Suwa-See statt, der etwa so groß ist wie der bayerische Ammersee. Die Promenaden am Ufer des Hauptortes sind voll mit Ständen, die die leckersten und besten japanischen Schlemmereien anbieten. Hier kaufen sich die Familien die unterschiedlichsten Köstlichkeiten, um sich dann in Decken auf den Dächern der Hotels, der Häuser oder aber am Ufer des Sees niederzulassen und das Spektakel am Himmel zu genießen.

Mit Feuerwerkskörpern werden die unterschiedlichsten Blumen- und Baummotive an den Himmel gezaubert. Von Rosen, Hyazinthen bis hin zu Palmenwäldern wird den Zuschauern ein wahres

Blumenmeer geboten. Während Tausende von Japanern – und natürlich zahlreiche Touristen der ganzen Welt – diese Farbenpracht am Himmel betrachten, finden Verstorbene den Weg zur Erde zurück. Und damit selbst die langsamsten Seelen zurückfinden, dauert das Spektakel mehrere Stunden. Es ist ein wundervolles Erlebnis, bei dem der japanische Sinn für Ästhetik wieder einmal deutlich wird. Am nächsten Tag findet ein ausschweifendes Festessen mit sämtlichen japanischen Leckereien statt, die man sich nur vorstellen kann – es gibt Sashimi, Sushi und andere Kostbarkeiten. In den japanischen Haushalten wird jeder verstorbenen Seele ein Gabentisch bereitet, wo Speisen und Getränke aufgebaut werden. Während der Festtage gehen die Angehörigen immer wieder zum Friedhof, schmücken die Gräber und hinterlassen Bündel mit glühenden Räucherstäbchen. Und natürlich ranken während dieser Tage ein Großteil der Geschichten um die Heldentaten der Verstorbenen.

Am Ende der Festtage gibt es noch einmal ein kleines Feuerwerk, das zwar in keinster Weise mit dem bombastischen Feuerwerk am ersten Tag verglichen werden kann, aber ebenfalls wunderschön ist und die Toten wieder in den Himmel leitet. Zum Abschied hat noch einmal jede Familie ein kleines Schiffchen für die Seele des Verstorbenen gebaut. In das Schiff wird eine Kerze gestellt, und es wird zu See gelassen. Es ist ein wunderschöner und herzzerreißender Anblick, denn der See wird in dieser dunklen Nacht zu einem Meer von vielen kleinen flackernden Seelen, die wieder in ihr Totenreich zurückkreisen. Und alle freuen sich schon auf ein Wiedersehen im kommenden Jahr.

Die Feste, wie sie in Japan und Mexiko gefeiert werden, sind nicht nur wunderschön und eine Freude für den Gaumen und das Auge. Sie sind auch der Versuch, sich mit dem Tod zu arrangieren, ihn zu akzeptieren und den Verlust der Familienangehörigen zu kompensieren. Durch dieses jährliche Wiedersehen verliert der Tod seine Härte und man hat das Gefühl, doch nicht ganz und für immer von den Verstorbenen getrennt zu sein.

Es gibt aber auch noch andere Möglichkeiten, wie man dem Tod seine Endgültigkeit nehmen kann: indem man sich den Tod oder Verstorbene zu Freunden macht. Wer in einem Verstorbenen einen Helfer oder Retter sieht und keine Angst vor den Toten hat, erfährt oft Hilfe, die seinem Selbst dann sogar das Leben retten kann. Die Vorstellung, daß ein Verstorbener als Helfer dient, ist auf der ganzen Welt verbreitet. Dies zeigen die folgenden Märchen aus unterschiedlichen Regionen der Welt.

Der Häuptling und der Totenkopf
(Südamerika)

Es war einmal ein junger Häuptling namens Kairé. Zusammen mit seiner jungen Frau wohnte er in der Nähe des Flusses. Kairé zählte zu den besten Jägern der ganzen Gegend. Eines Tages, noch vor Sonnenaufgang, ging er wie so oft auf die Jagd in den Wald, um Wild zu jagen. Seine Frau und er liebten es nämlich, gutes Hirschfleisch zu essen.

Als er am Wald ankam, ging die Sonne gerade auf. Die Luft war klar, und es schien ein guter Tag zu werden. Während er durch den Wald streifte, sah er plötzlich, daß sich etwas im Gebüsch bewegte. Schnell wie er war, zog er in Windeseile einen mit Curare bestrichenen Pfeil und den Bogen und schoß in Richtung des Geräusches. Er hatte ein so feines Gehör, daß er das Tier gar nicht zu sehen brauchte, sondern anhand des Lautes genau ausmachen konnte, wo sich das Tier befand. Auch dieses Mal schien sein Jagdglück ihm beizustehen. Er hatte Glück. Treffer! Er hörte, wie das Tier hinter dem Gebüsch zu Boden stürzte. Seinem Klang zufolge schien es sich um ein besonders großes Prachtstück zu handeln. Schnell ging Kairé hin und zog es heraus. Als er hinlangte, bekam er einen riesigen Schreck: Es war nicht ein Tier, das er erlegt hatte, er hatte einen Menschen erschossen.

Beim Anblick des Toten war Kairé völlig entsetzt. Noch nie in seinem ganzen Leben hatte er einen Menschen getötet. Er bekam fürchterliche Angst und wollte fortlaufen, doch als er sich umdrehte, sprach der Tote: »Fürchte dich nicht, Kairé. Du hast mich umgebracht, aber ich weiß, daß du es nicht absichtlich getan hast. Wenn du tust, was ich dir sage, dann werde ich dir nicht böse sein.«

»Und was soll ich tun?« fragte Kairé den Toten und war erstaunt, daß er sich mit ihm unterhalten konnte.

»Trenne meinen Kopf von meinem Körper und nimm ihn mit nach Hause. Den Körper aber wirf in den Fluß!«

Der junge Häuptling tat, wie ihm der Kopf befohlen hatte. Obwohl es ihm schwerfiel und er sich fürchterlich ekelte und gleichzeitig fürchtete, schnitt er den Kopf des Toten ab und warf den Körper in den nahe liegenden Fluß.

Kairé nahm den Kopf und steckte ihn in den Sack, der ursprünglich für seine Jagdbeute vorgesehen war, und machte sich mit klopfendem Herzen auf den Heimweg.

Sie waren nicht weit gegangen, da sprach der Kopf zu Kairé: »Laß mich hinausschauen.« Der Häuptling tat auch dieses Mal wieder, wie ihm der Kopf befahl. Nachdem sie eine Weile gegangen waren, sprach der Kopf: »Kairé, nimm einen Pfeil und schieße in die Richtung des großen Baumes.« Kairé tat, wie ihm befohlen, und schoß einen Pfeil ab. Dieser traf einen Hirsch, den Kairé vorher gar nicht gesehen hatte. Es war ein Schuß mitten ins Herz.

Kairé wollte den Hirsch auf die Schultern laden, um sein Jagdgut mit nach Hause zu nehmen. Er überlegte hin und her, weil er nicht wußte, wie er den Kopf dann tragen sollte.

»Mach dir um mich keine Sorgen«, sprach der Kopf, als hätte er Kairés Gedanken gelesen. »Geh etwas langsamer, dann rolle ich hinter dir her.«

So kamen der Häuptling und der Totenkopf zusammen im Dorf an. Die Frau des Häuptlings, die ihren Gemahl schon erwartete, bekam einen fürchterlichen Schreck, als sie den Totenkopf erblickte. »Frau, du brauchst dich nicht vor dem Kopf zu fürchten. Er ist wie ein Beschützer für mich. Und er wird auch dir nichts tun.«

Die Frau nahm den Hirsch entgegen, briet ihn und kochte Maisbrei dazu. Als sie fertig war, ging sie zu dem Totenkopf: »Magst du auch etwas von dem Braten essen?« »Ja«, antwortete der Kopf. »Ich bin sehr hungrig. Wenn du mir den Braten vorkaust, dann kann ich ihn gut essen, denn meine Zähne sind nicht mehr sonderlich gut. Den Brei hingegen kann ich essen.«

So lebten die drei zusammen in der Hütte des Häuptlings Kairé. Nach vierzehn Tagen sagte der Totenkopf: »Liebe Freunde, jetzt muß ich euch für einige Tage verlassen. Kairé, trage mich bitte wieder an die Stelle, an der du mich gefunden hast. In einer Woche kannst du dann wiederkommen und mich holen.«

Kairé tat, wie der Kopf ihm befal, und trug ihn zurück in den Wald. Danach kehrte er nach Hause zurück. Während dieser Woche ging er mehrere Male erfolglos auf die Jagd. Er traf keinen einzigen Hirsch und auch in den Flüssen fing er keinen Fisch.

Nach einer Woche ging er wieder in den Wald und holte den Kopf. Danach hatte er auch wieder Erfolg auf der Jagd.

So vergingen die Monate. Die drei lebten zusammen in der Hütte des Häuptlings Kairé. Die Zeit verging, und die Frau bekam einen schönen Jungen. Wenn der Kopf mit Kairé nicht auf der Jagd war, dann spielte er mit dem Knaben. Der Knabe wuchs heran. Nach einer Zeit bekam die Frau von Kairé noch ein weiteres Kind: ein wunderschönes Mädchen.

Von Zeit zu Zeit mußte Kairé den Kopf immer wieder in den Wald bringen, um ihn dann eine Woche später abzuholen.

Eines Tages ging Kairé baden und die Frau war mit ihren beiden Kindern und dem Totenkopf alleine im Lager. Die Kinder spielten im Gras und während sie in ihr Spiel versunken waren, kam eine giftige Schlange, die die beiden fressen wollte. Der Kopf sah die Schlange und rollte auf sie zu. Ein dramatischer Kampf zwischen den beiden entstand.

Als Kairé vom Fluß zurückkehrte, fand er neben den Kindern die Giftschlange mit zermahlenem Kopf. Der Totenkopf hatte sich unter einen Baum zurückgezogen. Die Giftschlange hatte ihn gebissen. Mit schwacher Stimme sprach er zu Kairé: »Die Schlange hat mich gebissen. Ich bin voll Gift. Höre zu, was ich dir sage und tue genauso, wie ich dir befehle.«

»Ich höre«, sprach Kairé und rückte ganz nah an den Kopf, um seine Worte genauer zu verstehen.

»Nimm mich, und verbrenne mich heute abend nach Sonnenuntergang. Verbrenne mich so lange, bis alles zu Asche geworden ist! Dann fülle die Asche in einen Beutel. Du wirst dabei einen blauen Stein finden. Den fülle nicht in den Beutel, sondern hänge ihn deiner Tochter um den Hals. Es ist ein Amulett, welches sie vor bösen Geistern beschützen wird. Die Asche in dem Beutel bringe an die Stelle im Wald, an der du mich damals gefunden hast.«

Kairé tat genau, wie der Kopf ihm befohlen hatte. Er vergrub die

Asche im Wald, an deren Stelle später eine Palme wuchs. Jede Woche ging Kairé an den Platz, und jedes Mal fand er Wild vor. Nur eine Woche im Monat fand er kein Wild.

Das Leben ging weiter. Die Kinder wurden groß und mit zunehmendem Alter immer schöner. Als die beiden in ein heiratsfähiges Alter kamen, wurde die Tochter des Häuptlings vom Nachbarstamm dem Jungen zur Frau gegeben. Auch um das Mädchen tummelten sich bald zahlreiche Bewerber, die sie zur Frau nehmen wollten. Sie wurde schließlich einem Häuptlingssohn aus einem anderen Dorf gegeben. Als dieser sie zu sich in die Hängematte holte, sah er ihr Amulett, welches in der Nacht immer noch lichterloh funkelte. »Was hast du da am Hals?« fragte er sie erschreckt. »Das ist ein Stein«, antwortete sie ihm. »Nein, das ist kein Stein, du trägst ein Zauberauge!« Und mit diesen Worten rannte er fort.

So ging es ihr mit verschiedenen Männern. Alle rannten fort in dem Moment, wo sie das Zauberauge erblickten. Eines Tages jedoch kam ein junger, einäugiger Jäger, den zuvor niemand gesehen hatte. Er kam genau in der Woche ohne Fisch und Wild. Als er kam, brachte er einen frisch geschossenen Hirsch mit und überreichte ihn Kairé. »Deine Tochter gefällt mir«, sprach er, nachdem er sich neben den Häuptling gesetzt hatte. »Ich möchte sie gerne zur Frau nehmen.«

Eine Woche später war die Hochzeit, und als der Mann abends zu dem Mädchen in die Matte stieg und den Stein sah, sprach er: »Laß mich deinen Stein genauer betrachten.«

»Hier«, und das Mädchen gab ihm den blauen Stein, ohne zu zögern. Der Mann nahm den Stein und steckte ihn in die Augenhöhle, in der ihm ein Auge fehlte.

Kairé hatte die ganze Nacht vor der Hütte gesessen und war erleichtert, als der Mann bei Morgengrauen immer noch bei seiner

Tochter war. Er ging zurück zu seiner Frau und sprach: »Der Einäugige ist besser als all die anderen, die hier waren. Er ist bei ihr geblieben.«

Am nächsten Morgen kam der Mann zu Kairé und hatte zwei Augen, eines davon war blau. »Schwiegervater«, sprach der Zweiäugige, »von nun an werde ich bei euch bleiben. Ich werde mich um euch kümmern, und du brauchst nicht mehr auf die Jagd zu gehen. Nur einmal im Jahr, da werde ich zu meinen Leuten gehen. Dann fische hier im Fluß. Es werden immer zahlreiche Fische für euch da sein.«

Und so war es. Von diesem Tag lebte der Zweiäugige bei dem König Kairé.

Die Knochen des Toten
(Tschechei)

Es war einmal ein reicher Bauer, der gerne Schnaps trank. Er trank vom Morgenrot bis zur Abenddämmerung und kümmerte sich nicht um seine Wirtschaft. Wenn er betrunken aus dem Wirtshaus nach Hause kam, stritt er sich mit seiner Frau und schlug sie und seinen Sohn so, daß die Nachbarn zur Hilfe kommen mußten, um großes Unheil zu verhindern.

Auf dem Ondrojnik lebte zu jener Zeit ein altes Weib. Man glaubte, daß sie eine Hexe wäre, aber die Leute aus der Umgebung mochten sie sehr, da sie noch nie einem Mensch oder einem Tier etwas Böses getan hatte. Sie wurde vielmehr von vielen Leuten des Ortes geschätzt, da sie viele Kräuter und deren Geheimnisse kannte und wußte, wie das ein oder andere Leid zu beheben war. So erwarb sie sich im Laufe der Jahre einen Ruf als gute Heilerin.

Zu dieser Heilerin kam eines Tages auch der Sohn des Säufers. Traurig und niedergeschlagen klagte er über seinen Vater. Er betrinke sich in einem fort und habe bereits das halbe Anwesen vertrunken.

Die weise Frau riet ihm: »Nimm diese Axt und gehe zu der alten Tanne hinter eurem Haus. Dort wirst du die Knochen des Bauern Hemela finden. Er hat sich vor dreißig Jahren an dieser Tanne erhängt. Die Knochen wickle in ein rotes Tuch und lege sie unter das Kopfkissen deines Vaters.«

Der Sohn nahm die Axt, kehrte nach Hause zurück und tat, wie ihm die Hexe geraten hatte.

Auch an diesem Abend war der Bauer wieder volltrunken, brüllte seine Frau und seinen Sohn an und wollte sie gar totschlagen. Die Nachbarn, die den Radau hörten, kamen zur Hilfe und banden den betrunkenen Alten mit Stricken an einem Stuhl fest, bis der Saufbold in einen tiefen Schlaf fiel.

Als es Mitternacht war, klopfte es laut am Fenster, und ein eisiger Wind ging durch die Stube. Alle erwachten, und allen lief ein kalter Schauer über den Rücken, dem Sohn, der Mutter und selbst dem Vater, der immer noch in Fesseln lag. Wie durch einen Blitzschlag wurde es hell in der Stube, und am Bett des Vaters stand ein Geist. Der Bauer erzitterte vor lauter Furcht am ganzen Körper.

»Kennst du mich?« schrie der Geist den Trunkenbold an. »Ich bin der Geist des Bauern Hemela, der seinen Hof vertrank, seine Frau und Kinder schlug und sie in Not und Elend zurückließ, und der sich an der Tanne hinter dem Hof erhängte.«

Der Trunkenbold zitterte wie Espenlaub. Gerne wäre er aufgesprungen und hätte sich vor dem Geist verbeugt, aber er war immer noch festgebunden und konnte sich nicht rühren.

»Du weißt, daß es dir genauso ergehen wird, wenn du das Saufen

nicht läßt«, fuhr der Totengeist den Säufer an, und erneut zog ein eisiger Wind durch die Stube.

Der Säufer winselte mit kleinlauter Stimme: »Ich bitte dich, ich werde das Saufen lassen und mein Leben lang keinen Branntwein mehr anrühren.«

»Ich bin gekommen, um –« der Geist wollte sagen, daß er gekommen war, um seine Knochen zu holen, die man aus seinem Grab gestohlen hatte, aber der Säufer fürchtete, der Totengeist wäre gekommen, um ihn zu holen. Deshalb unterbrach er den Geist und rief: »Bei Gott, ich bitte dich, nie mehr werde ich trinken. Ich lasse für dich Messen lesen, damit du in deinem Grab Ruhe findest!«

»Du mußt Messen lesen lassen und du darfst nie mehr trinken, denn ich stehe höllische Qualen aus.« Bei diesen Worten stieß der Hemela einen tiefen Seufzer aus. »Ich habe im Grab keine Ruh, und wenn du dich nicht besserst, dann wirst auch du dich eines Tages erhängen und nach deinem Tod umhergehen, ohne Ruhe zu finden.«

Kaum hatte der Geist diese Worte gesprochen, blies erneut ein kalter Wind durch die Stube, und mit einem Mal war der Geist verschwunden. Ein höllischer Gestank blieb zurück. Die Frau des Säufers zündete sofort die geweihte Kerze an und öffnete die Fenster.

Der Sohn befreite den Vater, der immer noch zitternd dasaß, von den Fesseln, und alle drei beteten nun bis zum Morgen, damit der Geist des Hemela nie wieder zu ihnen kommen möge.

Am nächsten Morgen sah der Sohn unter dem Kopfkissen des Vaters nach: Die Knochen waren verschwunden. Der Geist hatte sie sich wieder zurückgeholt.

Von diesem Tag an war der Bauer wie ausgewechselt. Er führte seinen Hof gut und gewissenhaft und trank sein Lebtag keinen Tropfen Branntwein mehr.

Der dankbare Tote

(Deutschland)

Es war einmal ein reicher Hamburger Kaufmannssohn. Hans reiste viel in der Welt umher, um in den unterschiedlichsten Ländern Geschäfte zu tätigen. Als er eines Tages nach Ägypten kam, sah er, wie auf einem Markt ein wunderschönes Mädchen feilgeboten wurde. Sie war schön, und entsprechend hoch war ihr Preis, und so ließ sich kein Käufer für sie finden. Sie gefiel ihm sehr gut, aber Hans wußte, daß er nicht das ganze Geld dafür ausgeben durfte. Das Mädchen erkannte schnell, daß sie ihm gut gefiel, und so redete sie auf ihn ein und erzählte ihm, wie schlecht sie behandelt wurde, und daß es ihr bei ihm viel besser ergehen würde, und daß er sich sein ganzes Leben an ihr erfreuen werde. So entschloß er sich, das Mädchen zu kaufen. Der Besitzer verlangte aber immer mehr, bis er das Mädchen schließlich für eine fast unbezahlbare Summe hergab. Als Hans und das Mädchen ans Meer kamen, um die weite Reise nach Hause anzutreten, da sah er einen Toten am Strand liegen, der von zwei Männern mißhandelt wurde. Er war erbost über so wenig Ehrgefühl einem Toten gegenüber und fragte die beiden Männer, warum sie ihn, diesen Mann, obwohl er schon nicht mehr lebte, immer noch so schlugen.

Die Missetäter sagten, daß der Tote nichts als hohe Schulden hinterlassen hätte, und daß sie ihn nun so lange schlagen würden, bis sich jemand erbarmen würde, seine Schulden zu zahlen.

Der Reisende zahlte die Schulden des Toten und sorgte auch noch dafür, daß ihm eine gute Bestattung besorgt wurde. Nach der Beerdigung schiffte er sich und das Mädchen nach Hamburg ein, um sich wieder seinen Geschäften in der Heimatstadt zu widmen.

Bald aber schon begann er große Liebe für sie zu empfinden, so daß er sie wirklich aus Liebe heiraten wollte. Das Mädchen willigte zwar ein, wollte aber noch ein ganzes Jahr Bedenkzeit haben. Dieses Jahr benutzte sie, um heimlich auf ihrem Zimmer zu arbeiten. Als das Jahr vorüber war, kam Hans ungeduldig und bestürmte sie erneut mit einem Heiratsantrag. Sie gab ihm ihr Versprechen, ihn zu heiraten, wenn er ihr einen Wunsch erfüllen würde. Er müßte eine Reise machen, und wenn er von dieser zurückkehren würde, dann würde sie ihn gerne zu ihrem Mann nehmen. Er willigte ein, und sie gab ihm auf diese Reise zwei Koffer mit. In jedem Koffer befand sich ein Brief, den sie eigens mit einer goldenen Feder geschrieben hatte.

Sie erklärte Hans, was er mit den Koffern tun solle: Auf der anderen Seite des Meeres würde er bei seiner Ankunft einen edel gekleideten Seemann vorfinden, dem er die beiden Koffer geben solle. Alles weitere würde sich dann schon von allein ergeben.

Hans wußte nicht, was sich in den Koffern befand. Genauso wenig wußte er über den Inhalt der Briefe Bescheid. Als er nach seiner Reise auf der anderen Seite des Meeres ankam, fand er auch sofort den edel gekleideten Seemann vor, dem er die Koffer mit den beiden Briefen übergab. Dieser öffnete den einen auf der Stelle, las den Brief und packte den Koffer aus, der voll war mit lauter Flaggen und Fahnen. Damit verzierte der Schiffsmann das Schiff, nahm Hans an Bord und fuhr mit ihm zusammen in die Stadt des Königs, wo er mit Kanonenschüssen und großem Jubel empfangen wurde. Hans stieg mit dem Seemann an Land und gab dem König den anderen Koffer. Auch der König öffnete den Koffer augenblicklich und fand den Brief. In ihm konnte er lesen, daß seine Tochter, die von einem Schiffsmann entführt worden war, von Hans auf dem Sklavenmarkt gekauft worden war und jetzt seine Braut war. Die *vielen Fahnen und Flaggen, die das Schiff jetzt schmückten, seien alle eigenhändig von ihr gestickt worden.*

Der König freute sich sehr und bereitete Hans einen großen Empfang. Er bat ihn aber, sofort zurückzufahren und ihm seine Tochter zurückzubringen. Er bat ihn ferner, mit zurückzukommen, um dann König zu werden.

Hans machte sich wieder auf die Heimreise und bestieg ein Schiff, das dem gleichen Schiffsmann gehörte, der die Tochter des Königs entführt hatte. Als dieser von der ganzen Sache hörte, stieß er Hans von Deck und reiste alleine nach Hamburg weiter, um die Königstochter heimzuholen.

Sie erkannte ihn nicht. Er erzählte ihr, daß er sie zu ihrem Vater bringen werde und machte sich somit wieder auf die Reise mit der Tochter des Königs, um den Thron zu besteigen.

Auf hoher See enthüllte er ihr sein Geheimnis und erzählte ihr, daß er Hans ins Meer geworfen hatte und daß sie ihm versprechen müsse, ihn zu heiraten, wenn sie im Königreich angekommen waren.

Hans war jedoch nicht wirklich ertrunken, sondern von einem Geist gerettet worden. Es war der Geist des Toten, den er freigekauft und den er ehrlich hatte begraben lassen. Der Geist hatte ihn in die Königsstadt getragen, wo er in einem Gasthof wohnte, der dem Königsschloß gegenüberlag. Er wartete dort auf die Rückkehr seiner Braut.

Der Geist riet ihm, sich in den Garten hinter dem Schloß zu schleichen und sich dort zu verstecken.

Der König war sehr erfreut, seine Tochter wiederzusehen und empfing sie mit großer Freude und Tränen in den Augen, sie hingegen war sehr traurig.

In der darauffolgenden Nacht konnte die Königstochter nicht schlafen. Sie weinte die ganze Zeit um ihren Hans und schlummerte erst in den frühen Morgenstunden ein. Da träumte sie, daß Hans sich im Garten ihres Vaters befinden würde. Vor lauter Freude wachte sie auf und ging in den Garten des Vaters. Sie fand dort ihren Geliebten, der ihr erzählte, wie der Schiffsmann ihn ins Meer gestoßen hatte. Nun, wo sie ihren Geliebten wiedergefunden hatte, fühlte sie sich auch von ihrem Gelübde befreit und erzählte alles ihrem Vater, der den Schiffsmann auf der Stelle verhaften und hinrichten ließ.

Die Tochter wurde schon wenige Tage später mit Hans vermählt, der nach dem Tod seines Schwiegervaters das Reich regierte und bis ans Ende seiner Tage glücklich mit seiner Frau zusammenlebte.

Die folgende Geschichte hat große Ähnlichkeit mit dem Märchen »Der Gevatter Tod« der Brüder Grimm. Auch hier wird dem Tod ein Schnippchen geschlagen.

Der Königssohn und der Tod
(Island)

Es war einmal ein mächtiger König. Dem mangelte es in seinem Reich weder an Gütern aller Art noch an hervorragenden Beratern. Er besaß sowohl weltliche Ehre als auch unermeßlichen Reichtum an Gold und Edelsteinen.

Es war ihm eine Ehre, in seiner Halle Männer um sich zu versammeln, hochgelehrte Weise, die man Philosophen nennt. Das und manches andere glaubte er für seinen Ruhm nötig zu haben, denn sein Hochmut war groß.

Nun ereignete sich etwas, das das ganze Königreich mit großer Freude erfüllte: Die Königin bekam einen Sohn.

Von Reichtum umgeben, wuchs der junge Prinz auf; so wie es einem Königskind geziemt, freundlich und tüchtig, männlich und ohne Falsch und Fehl. Als er das Alter erreicht hatte, daß an seinen Unterricht gedacht werden mußte, geschah es eines Tages, als der König an seiner Tafel saß, daß der weiseste Meister, der in der Halle war, aufstand und vor den Hochsitz trat.

»Herr«, sprach er, »Ihr habt einen jungen Sohn, den alle Eure Freunde mit Freuden betrachten; denn wir glauben, daß er uns von Gott gegeben ist, um nach Euch auf Eurem Thron zu sitzen, mit reicher Ehre, wie sie seiner Geburt zukommt. Darum biete ich Euch an, ihn zu unterrichten und in der Weisheit zu unterweisen, die ich aus Büchern und eigener Erfahrung geschöpft habe, damit sein Name um so berühmter sei, da er weiser werden wird als alle anderen.«

Als er schwieg, zeigte es sich, daß der König die Worte nicht so freundlich aufgenommen hatte, wie man es wohl hätte erwarten können. Er nahm vielmehr eine etwas zornige Miene an und sprach: »Mein Lieber, was kannst du Unseren Sohn lehren? Deine Weisheit ist nicht mehr wert als die Possen fahrender Leute und das Spielen der Kinder.«

Der Meister antwortete: »Kämen diese Worte nicht aus eines Königs Munde, wären sie zweifellos unwahr; denn meine Weisheit ist noch nie zum Spott der Kinder geworden. Vielleicht habe ich so reiches Wissen, daß es für Euren Sohn höchst ehrenvoll wäre, wenn er ebensoviel lernt. Das werden alle bestätigen.«

Zornig erwiderte der König: »Weiche fort von hier! Wir sagen dir, wie es gemacht werden soll: Entweder wird unser Sohn nicht unterrichtet werden und nicht zu deinen Füßen sitzen, oder er soll den Lehrmeister bekommen, der ihn in unbekannter Weisheit unterrichten kann, von der Ihr nie etwas gehört habt!«

Noch einmal antwortete der Meister: »Wenn Euer Sohn ein Mensch ist, dann wird er auch nur menschliches Auffassungsvermögen haben. Und wann hat man je in der Welt gehört, daß ein Mensch nicht den anderen unterrichten soll?« Damit beendete er seine Rede und kehrte auf seinen Platz zurück. Nun war eine Weile vollständige Stille in der Halle, denn der König war zornig, und darum schwiegen alle.

Als einige Tage später der König wieder an der Tafel saß, wurde leise an der Tür geklopft und Einlaß verlangt. Und als die Wärter nachsahen, stand draußen ein Mann, der wie ein Weiser aussah und vor den König geführt werden wollte. Als der König das erlaubte, ging der Mann hinein und trat vor den Hochsitz. Er trug einen weiten Filzhut auf dem Kopf, so daß man sein Gesicht nicht genau sehen konnte. Auch rückte er aus Achtung vor dem König nur wenig an der Krempe, grüßte dann und sprach: »Seid gegrüßt, Herr!« Dann fuhr er fort: »An meinem Auftreten seht Ihr, o Herr, daß ich zu den Weisen gerechnet werden kann. Und da mir von Euch ein Wort bezüglich des Unterrichts Eures Sohnes zu Ohren gekommen ist, das Euren Räten etwas hochfahrend erschien, suchte ich Euch auf, um ihm meine Weisheit zur Verfügung zu stellen; denn ich hoffe, daß das, was ich ihn lehren kann, Eurem Wunsch entsprechend, jedem lebendigen Menschen unbekannt sein wird! Da ich aber alt und schrullig bin, mag ich nicht dem Lärm der Welt und vieler Menschen ausgesetzt sein. Darum laßt uns zwei Meilen von der Stadt in dem Wald, der sich dort befindet, ein Haus errichten und soviel Lebensmittel dort hinschaffen, daß wir ein ganzes Jahr davon leben können; denn ich will, daß uns dort, vom Tag unseres Einzugs an, niemand stört.«

Als das der König gehört hatte, wurde er sehr froh. Und er ließ schnell alles so ausführen, wie es der Alte gewünscht hatte.

Die Zeit war nun gekommen, da das Haus fertig war. Und als sie einzogen, gingen beide hinein, und der Meister setzte sich auf den Hochsitz, wie es ihm ja auch zukam, während sich der Königssohn zu seinen Füßen niederließ, so demütig, als wäre er ein Kind geringeren Standes.

So saßen sie am ersten Tag schweigend da. Und auch am zweiten und dritten. Und kein Wort kam über ihre Lippen. Um es kurz zu machen: Das ganze Jahr hindurch diente der Königssohn dem Meister früh und spät und saß alle Tage schweigend zu seinen Füßen.

Am letzten Tag des Jahres, ehe der Besuch beim König stattfinden mußte, sprach der Meister zu dem Königssohn: »Morgen wird man uns aufsuchen und vor den König führen. Er wird nach deinem Unterricht fragen. Und wenn du willst, darfst du antworten, daß du von deiner Lehre nichts sagen darfst, du aber weißt, daß dergleichen nie ein menschliches Ohr vernommen hat. Dein Vater wird ferner fragen, ob du noch länger bei mir bleiben willst. Was diese Frage betrifft, gebe ich dir keinen Rat.«

Nun wurden am nächsten Tage beide ins Schloß gerufen und vor den König geführt. Als der Königssohn gefragt wurde, ob er die Schule noch länger besuchen wolle, antwortete er mit aller Freundlichkeit, daß er gern dorthin wieder zurückkehren möchte.

Die beiden erhielten wieder Lebensmittel für ein Jahr. Und dieses zweite Jahr verlief genauso wie das erste. Und noch einmal entschloß sich der Königssohn, weiter in der Einsamkeit zu bleiben. Und auch das dritte Jahr verging mit Schweigen und gleicher Eintönigkeit. Und als auch dies zu Ende war und sie darauf warteten, daß sie am nächsten Tag abgeholt würden, sprach der Meister folgende Worte zu seinem Schüler: »Mein lieber Sohn, für dein Schweigen, deine Geduld und Treue sollst du als Lohn empfangen, daß die Männlichkeit und Standhaftigkeit, die du während der drei Jahre bewiesen hast, nie vergessen und in die Geschichtsbücher eingehen werden. Ferner ist es angemessen, daß die Erwartung, mit der du hier einsam gesessen hast, nicht für dich zur Enttäuschung wird, denn du bist der Lehre wohl würdig, die vor dir keinem Weisen zuteil geworden ist. Zunächst aber sollst du wissen, wer ich bin. Ich heiße Mors, das bedeutet Tod, und ich bin kein Mensch, obwohl es dir so vorgekommen ist. Und von unserer Trennung an, die bald erfolgen wird, soll das ein Zeichen deiner Weisheit werden, daß sie weithin berühmt wird und sich durch alle Länder verbreitet, so daß kein Mann so angesehen sein wird wie du. Denn dich werden alle Menschen zu sehen verlangen, obwohl mancher, der es wünscht, es nicht erreichen wird. Nun gib auf das gut acht, mein Sohn, was ich dir jetzt in wenigen Worten sage: Es wird dir nämlich von Nutzen sein. Wenn ein Mensch in der Stadt krank wird, dann gehe zu ihm hin, auch wenn du nicht gerufen bist! Bei diesem Kranken und auch bei jedem anderen, zu dem du kommst, wirst du mich sitzen sehen. Aber du mußt darauf achten, wo ich sitze. Sitze ich in der Nähe der Füße, sollst du sagen – und so wird es auch eintreffen –, daß der Mensch eine lange und nicht schwere Krankheit haben und wieder aufstehen wird. Sitze ich an der Seite des Menschen, dann ist die Krankheit kürzer und viel schwerer, und doch folgt ihr Genesung und volle Gesundheit. Sitze ich aber am Kopf des Kranken, dann ist der Tod gewiß. Mag die Qual länger oder kürzer währen. Das wird also die Ursache deiner Berühmtheit sein, nämlich, daß du jedem Menschen voraussagen kannst, was ihm bevorsteht, so daß er sich danach einrichten und die passenden Verordnungen treffen kann. Aber noch eins will ich dich lehren: Wenn deine Freunde erkranken oder angesehene Leute, die du erfreuen und deren Freundschaft, Geld oder Ehre du erwerben willst, dann nimm den Vogel, der

Kradius heißt. Wenn du siehst, daß ich nicht am Kopfende sitze, mußt du den Vogel zu dem Kranken tragen und ihn ihm vors Gesicht halten; denn dieser Vogel hat die Eigenart, daß er die Krankheit des Menschen aufsaugt und in seinem Körper aufnimmt. Darauf laß den Vogel los. Er kennt seine Natur und fliegt mit der Krankheit hoch in die Luft und der Sonne so nahe wie möglich und bläst die Krankheit im Schein der Sonne von sich fort. Die Sonne aber nimmt sie auf und zerstört sie durch ihre Hitze. Der Vogel ist nun wieder gesund. Infolge unserer Begegnung und Unterhaltung wird es geschehen, daß die Eigentümlichkeit dieses Vogels durch deine Worte bekannt wird. Man wird sie sich merken und mit dem Namen des Vogels in dem Buch verzeichnen, das die Menschen Physiologus nennen werden. Zu Ende ist nun meine Lehre, lieber Sohn, und so auch unsere erste Begegnung. Aber wir werden uns ein zweites Mal treffen. Und dann wird dir das Wiedersehen keine Freude bereiten.«

Und damit war die Rede beendet. Der Tag brach an, an dem beide vor den König gerufen wurden. Der Königssohn stellte dem Meister vor dem ganzen Gefolge das beste Zeugnis aus. Der König dankte ihm und bot ihm viele Geschenke und Ehrenbezeichnungen an. Er aber schlug alles aus und bat um die Erlaubnis, Abschied nehmen zu dürfen.

Die Weisheit des Königssohns wurde zwar zuerst nicht beachtet, aber im Laufe der Zeit wuchs sein Ansehen so sehr, daß alle davon überzeugt waren, seinesgleichen wäre noch nie geboren. Und man könnte sagen, daß die Menschen aller Länder versuchten, zu ihm zu kommen und seine Weisheit in Anspruch zu nehmen; denn alles traf bei ihm aufs Wort zu. Er machte auch weite Reisen zu vornehmen Leuten, um ihre Krankheiten zu untersuchen, bis sein Vater starb. Und als er nun selbst den Thron bestiegen hatte, besuchte er seine Freunde, besonders die, welche zu seinem Gefolge gehörten, wenn sie krank geworden waren. Und auch die Mächtigen des Reiches, die nach seinem Wissen für das Wohl des Landes von Bedeutung waren.

Aber obwohl er eine solche Gabe bekommen hatte, wurde er doch nicht hochmütig, sondern blieb so sanft und mild gegenüber allen Untergebenen und Untertanen, so wie es einem König geziemt. Und jedes Kind war ihm von Herzen zugetan; denn das ist der Gang der Welt, daß eines Menschen Lob zehn Freunde macht.

So vergingen seine Tage in Ruhm und Glück. Er selbst erfreute sich einer trefflichen Gesundheit, und seinem Reich war Frieden und Gedeihen beschieden. Alt war er im Lauf der Zeit geworden. Hundert Jahre zählte jetzt sein Leben. Aber er war immer noch ein rüstiger Mann: groß und kräftig, und er verstand es, seinen Körper in guter Verfassung zu halten.

Aber eines Tages überfiel ihn doch eine heftige Krankheit, die seinen Freunden großen Kummer bereitete. Sie nahm ihn so mit, daß schon nach kurzer Zeit wenig Aussicht auf Rettung bestand. Und als er an einem der nächsten Tage in seinem kranken Zustand im Bett lag, schwanden ihm plötzlich die Sinne. Als die Ohnmacht vorüber war und er wieder die Augen aufschlagen konnte, sah er etwas, das ihm gar nicht angenehm war: Sein alter Meister war erschienen, mit seinem breiten Filzhut, und er saß dicht neben seinem Kopf.

Der König merkte sogleich, daß jetzt der Tod gekommen war, und sagte: »Meister, warum bist du so bald zu mir gekommen?«

»Es muß nun einmal so sein«, antwortete jener.

»Das hätte ich damals nicht gedacht«, erwiderte der König, »als ich, ein Königskind, drei Jahre lang schweigend zu deinen Füßen saß, daß du mich jetzt aus der Fülle des Glücks und der königlichen

Ehren herausreißen würdest, wo ich doch so rüstig bin und gut regieren kann.«

»Wohl ist es wahr, mein Sohn«, sagte darauf der Meister, »daß du viel erdulden mußtest. Dafür aber hast du auch viel bekommen. Und jetzt mußt du schon mit mir gehen.«

Als der König merkte, daß auf keinen Aufschub mehr zu hoffen war, sagte er: »Soviel Zeit wirst du mir doch wohl noch geben, daß ich vor unserem Fortgang noch ein Vaterunser beten kann?«

Das gewährte ihm der Meister. Und der König sprach die ersten vier Verse des Gebets bis zu der Stelle: ». . . et dimitte nobis . . .« Als er aber so weit gekommen war, schwieg er still.

Der Meister wartete lange, aber der König blieb stumm.

»Warum betest du nicht weiter, mein Sohn?« fragte der Alte.

»Ich bete nicht weiter, mein Meister, weil ich nicht will. Du hast hier nichts mehr zu schaffen, denn für dieses Mal werden wir uns trennen müssen. Du gewährtest mir ein Vaterunser, und daher will ich den letzten Teil des Gebetes, gestützt auf dein Versprechen, nicht eher beten, als bis ich so lange gelebt habe, wie es mein Herz sich wünscht. Und dann will ich freiwillig mein Gebet beenden, ohne von dir gerufen und gedrängt zu werden.«

»Durch List hast du mich getäuscht, Sohn«, erwiderte der Meister, »und daher wirst du für dieses Mal deinen Willen durchsetzen.«

Als der Meister das gesagt hatte, verschwand er. Der König aber erholte sich so schnell, daß es allen wie ein Wunder schien, daß die Krankheit so rasch verflogen war. Und so lebte der König dann in Ehren noch ein zweites Jahrhundert.

Dann aber war er vom Alter so gebeugt, so zusammengefallen und gelähmt, daß es ihm eine Last war, noch länger leben zu müssen. Er berief darauf alle Großen seines Reiches ein, und eine mächtige Versammlung kam zusammen. Der Königsstuhl wurde

aufgestellt und der Herrscher von seinen Männern dorthin geführt.
Er traf nun Bestimmungen für das ganze Reich, was die Königswür-
de betraf und die Stände. Und er gab seinem Volk guten Rat und
väterliche Ermahnung, Gott zu fürchten und die Rechte des Landes
nach den alten Gesetzen guter Fürsten zu wahren.

Darauf legte er sich bei hellem Tag zu Bett und gebot seinen
Geistlichen, ihn auf die letzte Stunde vorzubereiten. Als dies mit
geziemender Feierlichkeit geschehen war, erzählte er seinen Ver-
trauten alles, was sich zwischen ihm und dem Meister zugetragen
hatte, und sprach darauf: »Komm jetzt, mein Meister, und höre, wie*
ich das Gebet beende, das du mir einst gewährtest, denn jetzt bin
ich bereit.«

Der Meister erschien auf der Stelle. Und der König begann: »Et*
dimitte nobis . . .« In demselben Augenblick aber, in dem er nach*
dem Gebet das Amen sprach, schied er aus diesem Leben und wurde
sehr beweint, obwohl er doch so alt geworden war. Und damit hat
diese Geschichte ein Ende.

Die Seele aus dem Fegefeuer
(Portugal)

Es waren einmal ein Mann und eine Frau. Sie waren sehr arm. Die
Frau klöppelte Spitzen und verkaufte sie für einen halben Tostäo.
Ihr Mann war auch sehr arm, und er sah, daß es für beide nicht zum
Leben und nicht zum Sterben reichte. So sagte er eines Tages zu ihr:
»Wir leben hier sehr ärmlich. Es reicht uns nicht zum Leben, und*
deshalb werde ich von hier fortgehen, um anderswo mein Brot zu
verdienen.«

»Wohin willst du schon gehen. Du bist alt, und Arbeit gibt es hier* wenig«, sagte sie. »Nimm wenigstens den halben Tostäo, damit du dir unterwegs etwas zu essen kaufen kannst.«

So nahm er also das Geld, verabschiedete sich von seiner Frau und machte sich auf den Weg. Nachdem er den ganzen Tag gegangen war, kam er gegen Abend in ein Dorf. Er war sehr müde und hungrig und lehnte sich an eine Hauswand, um einen Moment auszuruhen. Als er so dastand, kamen einige Patres des Weges. Er sprach einen davon an und sagte: »Liest du mir für einen halben Tostäo eine Messe für eine arme Seele, die im Fegefeuer verweilen und dort große Qualen erleiden muß?« Der Pater schaute ihn mißmutig an und antwortete ihm: »Nein, für so einen geringen Betrag lese ich keine Messe.« Der Mann aber sprach: »Mehr habe ich nicht!« Der Pater ging davon, und der Mann folgte ihm, und nach einer Weile zeigte sich der Pater gnädig und sprach: »Gut, Meister, komm mit und ich werde dir eine Messe lesen.« Und so ging der Mann zusammen mit dem Pater in die Kirche. Der Pater las ihm die Messe, und der Alte, der weder gegessen noch getrunken hatte, ministrierte bei dem Pater die Messe und zahlte am Ende mit einem halben Tostäo.

Noch am selben Abend machte er sich wieder auf seinen Weg und stieg hinauf ins Gebirge, wo ihm ein Ritter entgegenkam. Der alte Mann bekam es mit der Angst zu tun, und obwohl der Ritter ihn mit freundlicher Stimme anrief, rannte der Alte fort. Schließlich aber faßte er sich ein Herz und blieb stehen, und der Ritter kam zu ihm und übergab ihm einen Brief. »Nimm diesen Brief und bringe ihn ins Dorf. Dort gibst du ihn dem Herrn Fulano!«

Der Alte kehrte um, ging zurück in das Dorf und suchte das Haus des Herrn Fulano. Als er an das Haus kam, öffnete ein Diener dem Alten die Türe. Der Mann übergab den Brief, und nachdem Herr Fulano ihn gelesen hatte, kam er an die Türe und sprach: »Bist du *derjenige, der im Ort hat eine Messe lesen lassen für eine arme Seele im Jenseits, obwohl dich selbst der Hunger so geplagt hat?«*

»Ja, Herr«, antwortete der Alte und war erstaunt, woher der Edelmann dies wußte. »Komm herein«, sprach der Herr Fulano, führte den Alten in sein Haus und gab ihm viel Geld und schickte ihn damit heim. Von diesem Tag an litten der Alte und seine Frau keine Not mehr, denn der Ritter war die Seele aus dem Fegefeuer, die durch die Messe gerettet worden war.

Die Seele, das Sein
und der Tod

Dem Geborenen ist der Tod, dem Toten die Geburt bestimmt.[19]

Was ist die Rückkehr? Wohin kehren wir zurück? Wann kehren wir zurück? Und welcher Teil von uns kehrt zurück? Fragen über Fragen, die sich wohl jeder Mensch im Lauf seines Lebens stellt.

– Die Rückkehr beginnt zu der Zeit, wenn die Blume zu ihrer vollen Blüte gelangt ist, zu der Zeit, wenn das Ziel, die Aufgabe, für die die Seele auf Erden geboren wurde, erfüllt ist. Dann gibt es nichts mehr zu halten, und die Seele zieht sich natürlich zurück, so wie der Atem ausgeatmet wird. Aber stirbt der Mensch, wenn er ausatmet?

– Nein. So stirbt auch die Seele nicht, wenn sie sich zurückzieht, obwohl es scheinbar für den sterbenden Menschen und für diejenigen, die bei ihm wachen, den Eindruck des Todes macht.[20]

Was aber genau ist die Seele? Ist sie das, was Edward B. Tylor, ein bedeutender Ethnologe, versucht zu beschreiben? Der Urmensch stellte nämlich fest, daß er im Schlaf Dinge erlebte und sich an verschiedenen Orten aufhielt, ohne daß sein Körper sich fortbewegte. Auf diese Weise erfuhr er, daß er außer dem Leib noch ein anderes Prinzip haben mußte, welches sich beliebig vom Körper trennen konnte, ohne daß dies zum Tode führte. Dieses geistige Prinzip ist die Seele. Er machte auch die Erfahrung, daß der Mensch starb, wenn sich die Seele für immer vom Körper trennte.[21]

Andere beschreiben die Seele so: »Es ist ein dünnes, körperloses menschliches Bild, seiner Natur nach eine Art Dampf, Häutchen oder Schatten, die Ursache des Lebens und Denkens in dem Individuum, das es bewohnt; es besitzt unabhängig das persönliche Bewußtsein und den Willen seines körperlichen früheren oder jetzigen Besitzers; es vermag den Körper weit hinter sich zu lassen, um schnell von Ort zu Ort zu eilen; es ist meistens ungreifbar und unsichtbar, doch offenbart es auch physische Kraft und erscheint besonders den Menschen im wachenden oder schlafendem Zustande als ein von dem Leib, dem es ähnlich ist, getrenntes Phantasma; endlich kann es in den Körper anderer Menschen, Tiere und selbst Dinge eindringen, sie in Besitz nehmen und beeinflussen.«[22]

Für wieder andere ist die Seele eine dünne, ätherische Materie: Der Mensch besitzt nicht nur eine Seele. Man geht von mindestens zwei Seelen, einer »Hauchseele« und einer »Freiseele« aus. Die Hauchseele steht für die Lebenskraft, die sich im Blut oder im Atem manifestiert. Die Freiseele, die auch Schatten- oder Bildseele genannt wird, kann sich im Traum, bei der Himmelsreise des Schamanen oder bei anderen Gelegenheiten vom Menschen trennen. Die Freiseele ist unsterblich.

Viele Völker glauben, daß die Seele bei einer schweren Krankheit den Menschen schon vor dem Tod verläßt. Ist dies der Fall, werden bestimmte Rituale vollzogen, um die Seele wieder »einzufangen«. In Lateinamerika wird der Seelenverlust als »susto« bezeichnet. Der Seelenverlust kann durch einen Schrecken ausgelöst werden und hat sogar ein bestimmtes Krankheitsbild. Verschiedene Symptome wie Appetitlosigkeit, Schwäche, Antriebslosigkeit, Blässe, Depression, Unruhe, Fieber bis hin zum Tod weisen darauf hin. Ein Heiler oder »Spezialist« wird bei diesen Anzeichen beauftragt, bestimmte Rituale zu vollziehen und die Seele wieder zurückzuholen. Manchmal wurde »susto« durch Ahnen ausgelöst, die nicht mehr beachtet wurden. Sie haben einem Menschen einen Schrecken eingejagt, der sich im Verlust der Seele ausdrückt.[23]

Manche Völker haben ganz eigene Vorstellungen von der Seele. So glauben die Apapocuva, die zu den Tupi-Guarani aus dem südlichen Brasilien gehören, daß es zwei Seelen gibt: die göttliche Pflanzenseele und die weltliche Tierseele. »Für sie tritt einige Zeit nach der Geburt eine Tierseele auf. Die guten und sanften Regungen des Menschen sowie sein Appetit auf milde Pflanzenkost gehören zu jener aus dem göttlichen Bereich stammenden Seele. Die schlimmen und gewalttätigen Regungen und Appetit auf Fleisch gehören zur Tierseele. Das Temperament eines Menschen wird wesentlich durch die Eigenschaft des Tieres bestimmt, dessen Seele er besitzt. Eine Frau, die die Lähmung ihrer Glieder mit großer Sanftmut ertrug, hatte die Seele eines Schmetterlings; eine andere, die lebhaft und ein wenig boshaft war, die eines Kapuzineraffen. Dies hatte eine Schamanin schon seit frühster Kindheit bei dieser Frau gesehen. Raubtierseelen sind gefährlich, weil sie vollständig über die Pflanzenseelen dominieren. Nach dem Tod eines Menschen zerfällt die Seele sofort wieder in ihre Bestandteile. Was aus der Tierseele wird, ist unbekannt. Die Pflanzenseele hingegen tritt die Reise ins Totenreich an, d. h. sie geht wieder zu ihrem göttlichen Herkunftsort zurück. Wenn ein Mensch sehr am Leben hing, dann kann seine Pflanzenseele noch einmal zu einem Kind zurückkehren. Stirbt ein Kind, dann sagt man, daß ein Verstorbener nur noch einmal zurückgekommen ist, um seine Verwandten zu sehen.[24]

Wieder anders gehen Hinduisten in Indien mit dem Seelenbegriff um:

> *»Der Mensch ist ein für allemal geboren;*
> *er wird nicht geboren;*
> *wodurch also sollte er wiedergeboren werden?«*

(Brihad-Aranyaka-Upanishad III.IX.28,7)[25]

Die Seele wird in einem Lexikon der indischen Mythologie folgendermaßen beschrieben: »›Atman‹. Seele, Geist, Energie. Ursprünglich bedeutete dieses Wort ›Atem‹, später entwickelte es seine Bedeutung zu ›Seele‹ im Sinne von ›letzter Atemzug‹. Trotzdem ist die Vorstellung einer Einzelseele im Hinduismus merkwürdigerweise unterentwickelt, verglichen mit ihrer Entwicklung im christlichen Denken. Andererseits ist vom westlichen Standpunkt der abstrakte Begriff *atman* sehr schwer zu verstehen, eben weil er *nicht* auf eine Einzelseele begrenzt ist. Atman ist unser innerstes Selbst und so tief verborgen in unserem Bewußtsein, daß die meisten Menschen es nicht einmal entdecken.

Doch die Weisen (Platons ›Philosophen‹) erkennen im innersten Kern ihrer Psyche das, was mit der göttlichen Weltseele identisch ist, die kosmische All-Seele, von der alles bewegliche Leben und die geistige Wahrnehmung ausgeht, das universale Bewußtsein, *atman*. Indische Lehrer veranschaulichen dies mit einer alten Parabel von dem Vater, der seinem Sohn eine Nuß gibt und ihn fragt, was darin sei. In der Nuß ist der Kern. Was ist im Kern? Im wesentlichen: der Nußbaum, der vielleicht eines Tages aus ihm wächst. Und was ist noch tiefer im Innern der Nuß? Die Essenz des Lebens (wie wir sagen würden), das, was das Wachstum, die Befruchtung aller Lebewesen verursacht, das Geheimnis der Natur, die Evolution aller lebenden Dinge. Und was ist darin? Wenn der Sohn keine Antwort weiß, sagt der Vater: ›*Tat tuam asi*; das bist du.‹

Das ist der berühmte Satz, in dem die Essenz des Hinduismus enthalten ist, der die Philosophie der Selbstidentifikation ist. Nicht, was mich von anderen Lebewesen unterscheidet, sondern das, was mich mit der Essenz des Lebens des Universums selbst verbindet, das bin ich, das ist meine Essenz, das Element von allen Elementen, aus der die ganze Schöpfung wie ein Baum gewachsen ist, der aus einem Samen wächst, dem Samen, der die Essenz enthält.

Atman bedeutet demnach ›Weltseele, der grenzenlose Ozean des Seelenuniversums‹, sowie ›Einzelseele, meine eigene Seele‹. Wer immer diese zwei völlig widersprüchlichen Gedanken zu Ende denken und sie als einen sehen kann, hat angefangen, die Essenz des Hinduismus zu begreifen.

Es erklärt, warum die Hindus eine Vielzahl von Göttern verehren können und gleichzeitig behaupten, daß es im wesentlichen nur einen Gott gibt, der aber in vielen Gestalten erscheint, wie die Natur, die in tausend Lebensformen erscheint.

Die Seele eines Sterbenden verschmilzt mit dem universalen Atman und bleibt trotzdem ein Einzelwesen, das für die Reinkarnation bereit ist.[26]

Die Bhagavadgita

Die Bhagavadgita, »das Lied der Gottheit«, ist die wichtigste und einflußreichste heilige, hinduistische Schrift Indiens. Sie ist ca. 300 v. Chr. entstanden. Hier wird der Atman folgendermaßen beschrieben:

(20) Weder wird es geboren,
noch stirbt es jemals,
noch wird es, immer seiend, jemals nicht sein;
ungeborgen, ewig, beständig ist es.
Dieses Ursprüngliche stirbt nicht,
auch wenn der Körper getötet wird.[27]

(24) Unverletzlich und nicht brennbar ist es,
nicht befeuchtbar und nicht auszutrocknen;
es ist ewig, alldurchdringend, unveränderlich,
unbeweglich und immerwährend.[28]

Sri Chinmoy, ein indischer Gelehrter unserer Zeit, kommentiert die Bedeutung des Todes und der Seele, so wie sie in der Bhagavadgita dargestellt wird, folgendermaßen:

»Wer das innere Leben lebt, weiß, daß der Tod in Wahrheit eine Stätte der Rast ist. Ihm ist der Tod in keinem Falle Auslöschung. Er ist eine bedeutungsvolle Abreise. Wenn unser Bewußtsein in göttlicher Weise umgewandelt wird, wird sich keineswegs die Notwendigkeit des Todes ergeben. Um das Leben zu wandeln, brauchen wir Frieden, Licht, Gückseligkeit und Kraft. Wir rufen nach diesen göttlichen Eigenschaften, und sie rufen nach unserem inneren Streben. Sie sind ebenso darauf bedacht, uns immerwährendes Leben zu schenken. Aber solange unser Körper, unser vitales Wesen, Denken, Herz und unsere Seele nicht zusammmen streben, kann göttliche Kraft, Licht, Glückseligkeit und Friede uns nicht besitzen.«

Der Körper ist des Todes, doch nicht die Seele. Der Körper schläft, die Seele fliegt. Wir wollen uns der bewegenden Worte über den Tod und die Seele in diesem Kapitel der Gita erinnern: ›Wenn ein Mensch die alten Kleider um der neuen willen ablegt, ebenso geht der Bewohner des Körpers, die Seele, ihre abgenutzten Körper hinter sich lassend, in neue Körper ein. Die Seele wandert von Körper zu Körper. Waffen können sie nicht spalten, noch Feuer sie verbrennen, noch kann Wasser sie durchnässen oder Wind sie austrocknen‹ (2,22 + 23). Das ist die Seele, und das ist mit der Existenz der Seele gemeint.[29]

Für viele von uns ist diese Vorstellung schwierig nachzuvollziehen. Genauso fremd scheint die Idee der Wiedergeburt zu sein: Solange der Mensch sinnlichen Gelüsten, Begierden und Anhaftungen unterliegt, ist er eingebunden in den Kreislauf der Wiedergeburt (Samsara). Das heißt, solange ein Mensch sich von allem anderen als getrennt erlebt, Dinge begehrt, seinen Gelüsten unterliegt, ist er eingebunden in den ewigen Kreislauf des Lebens. In welcher Form der Mensch wieder auf Erden erscheint, hängt von seinem jeweiligen Karma ab. Mit Karma ist die »Tat« bzw. die Ansammlung von guten oder schlechten Taten des einzelnen gemeint. Hatte ein Mensch viele gute Taten in seinem Leben vollbracht, konnte er gutes »Karma« entwickeln. Schlechtes Handeln brachte folglich schlechtes Karma mit sich. Die Summe von all dem angesammelten Karma ergibt dann die Umstände des jetzigen Lebens und entscheidet gleichzeitig die Existenz für das nächste Leben. Auch die Bhagavadgita beschreibt das Karma.

(62) Beschäftigt sich ein Mensch unablässig mit Sinnesobjekten
entwickelt sich Anhaften an ihnen.
Aus Anhaften erwächst Begierde, aus Begierde entsteht Zorn.

(63) Aus Zorn entsteht Verwirrung,
durch Verwirrung schwindet die Gedächtniskraft.
Durch Schwund des Gedächtnisses wird die
Vernunft zerstört,
wenn die Vernunft zerstört ist, ist man verloren.

(64) Wer aber Begierde und Haß ausgelöscht hat,
wenn er Sinnesobjekte durch die Sinne wahrnimmt,
die unter Selbstzucht sind, ist unter Selbstkontrolle.
Er erlangt Gemütsruhe.

(65) In der Gemütsruhe hören für ihn
alle Leidenserfahrungen auf.
Denn sofort wird für den Menschen mit ruhig-klarem
Bewußtsein die Vernunft unerschütterlich.[30]

Das Karma wirkt nach seiner eigenen Gesetzmäßigkeit von Ursache und Wirkung und kann auch von Göttern nicht beeinflußt werden. Nach dem Tod begleitet das Karma den Atman und ist verantwortlich für die nächste Daseinsform.

Die Hinduisten sowie die Buddhisten gehen davon aus, daß nicht nur die Taten, die wir im Laufe eines Lebens vollbracht haben, Einfluß auf weitere Existenzen haben. Sie glauben, daß auch die Gedanken, die wir im Moment des Todes haben, das ausmachen, was als nächstes geschieht und eine entscheidende Rolle für unser nächstes Leben spielen. Somit ist verständlich, daß im Hinduismus sowie im Buddhismus viel Wert darauf gelegt wird, sich auf den Moment des Todes vorzubereiten. Welche Auswirkungen Gedanken im Augenblick des Todes haben können, erzählt die Geschichte von Ram Dass über seinen Guru, Neem Karoli Baba.

Gedanken im Augenblick des Todes

(Indien)

Es war in Blumiadhar, wo Baba einmal die Nacht verbrachte. Wir hatten alle zu Abend gegessen und waren um halb elf Uhr schlafen gegangen. Gegen ein Uhr nachts fing Baba an zu schreien, daß er sehr hungrig sei und Dal (Linsen) und Chapattis haben wollte. Ich wachte auf und erinnerte ihn daran, daß er doch schon gegessen habe. Aber er bestand darauf, daß er Dal und Chapattis haben müsse. Wer kann die Wege eines solchen Wesens begreifen? Daher weckte ich Brahmachari Baba (den Priester), und er machte Feuer an und bereitete das Essen zu. Es war bereits zwei Uhr morgens, und wir sahen Baba zu, wie er mit großem Appetit das Mahl verzehrte. Dann gingen wir wieder schlafen.

Am nächsten Morgen gegen elf Uhr kam ein Telegramm mit der Nachricht, daß einer von Babas alten Jüngern in einem Dorf unten im Tiefland in der vergangenen Nacht um zwei Uhr gestorben sei. Als Baba das Telegramm vorgelesen wurde, sagte er: »Seht ihr, deshalb mußte ich Chapattis und Dal haben.« Das machte uns neugierig, weil wir gar nichts begriffen. Wir drangen in ihn, aber er wollte nichts mehr sagen. Schließlich, nachdem wir ihn zwei oder drei Tage bedrängt hatten, sagte er: »Begreift ihr denn nicht? Er (der Verstorbene) sehnte sich nach Chapattis und Dal, und ich wollte nicht, daß er dieses Verlangen mit in den Tod nimmt, weil es sich auf seine künftige Wiedergeburt auswirken würde.«[31]

Hört man diese Geschichte, wird verständlich, daß Buddhisten und Hinduisten so großen Wert darauf legen, achtsam und aufmerksam in der Gegenwart zu leben.

Die Gedanken, die wir haben, wirken sich nicht nur auf uns selbst, sondern auch auf andere Menschen aus. Wir sind alle viel mehr miteinander verbunden, als wir bewußt erfassen können. So erlebte ich selbst vor einiger Zeit folgende Geschichte:

Eine Frau rief mich an, um genaue Daten für ein Seminar, das ich mit organisierte, zu erfahren. Während des Telefonats fragte sie mich, wie verbindlich ihre Anmeldung sein müsse, da ihr Vater seit vier Monaten im Koma läge und jeden Tag sterben könnte. Sie erklärte mir, wie schwierig ihre derzeitige Situation sei und daß sie nicht in der Lage sei, irgendwelche Dinge zu planen. Ich schlug der Frau vor, sich in Ruhe zurückzuziehen und sich mit dem höheren Selbst ihres Vaters in Verbindung zu setzen. So könne sie sich von ihm verabschieden und ihm erklären, daß er in Ruhe gehen könnte, denn sie müßte ihr Leben weiterleben und durch sein Festhalten am Leben sei sie dazu nicht in der Lage. Am nächsten Morgen rief sie mich an und erzählte mir, daß sie meinen Rat befolgt hätte und daß ihr Vater in der Nacht gestorben sei.

Wie bedeutsam der bewußte Umgang mit Gedanken ist, findet in der Psychologie immer mehr Beachtung. Schamanen haben bestätigt, daß ihr Gemüts- bzw. Gedankenzustand am Beginn der Schamanenreise den Verlauf bestimmt – ob ihre Reise himmlisch wird oder eher höllischen Verlauf nimmt. Auch Forscher, die sich mit psychedelischen Erfahrungen beschäftigen, berichten von ähnlichen Erlebnissen.[32]

Anscheinend haben positive wie negative Gedanken – und das nicht nur im Angesicht des Todes – enormen Einfluß auf das eigene Handeln, die eigene Entwicklung und den eigenen Gesundheitszustand. Immer mehr Menschen werden sich bewußt, wie wichtig es ist, die eigenen Gedanken zu kontrollieren, zu verändern und sie nicht einfach nur »vor sich hindenken zu lassen«.

Die Upanishaden, eine weitere heilige hinduistische Quelle, gehören zu den Veden, dem »heiligen Wissen«. Für die Hinduisten sind diese Schriften, die um 1000 v. Chr. entstanden, ein Werk, das von Rishis, sogenannten Sehern, kraft höherer Erkenntnis geschaut und lange Zeit nur mündlich weitergegeben wurde. Ihr Inhalt spiegelt das Wissen über den Kosmos und die Menschen wider.[33] Die Upanishaden beschreiben den Moment des Todes folgendermaßen:

»Wenn der Mensch durch das Alter oder Krankheit geschwächt wird und verfällt, versammeln sich alle Hauche oder Lebensfunktionen um ihn, wie sich die Würdenträger und die Untertanen um einen König versammeln, der zur Reise aufbricht (Br.A.Up.VI.III.37 und 38). Alle diese Wesen, alle diese Begierden versammeln sich im Herzen (Lotos) wie in einer Festung und entgehen der Vernichtung (Ch.Up.VIII.14 und 5). Wenn der Tod eintritt, löst sich das Wort im inneren oder geistigen Sinn (Manas) auf, das Geistige im Atem (Prana), der Atem im feurigen Zustand der Seele (Tejas) und der letztere schließlich in der Gottheit (Ch.Up.VI.VIII.6 und 25). Es wird übereinstimmend gesagt, daß mit dem Wort alle Fähigkeiten des Handelns und Empfindens sich im Geistigen (Manas) auflösen, das heißt mit den Lebenshauchen die Gesamtheit der niedrigen Seelenfunktionen, die an die körperliche Hülle gebunden sind.

Wenn alle Energien im Herzen versammelt und vereinigt sind, unterscheidet der Sterbende die Daseinsform nicht mehr, ist seiner Sinne nicht mehr mächtig, spricht nicht, denkt nicht, erkennt nicht. Dann erglänzt die Spitze des Herzens, und bei diesem Glanz zieht die Seele aus dem Auge oder dem Kopf oder den anderen Körperteilen hinaus und beginnt die Wanderung (Br.A.Up.VI.IV.1 und 2). Es gibt 101 Strahlen oder feine Gefäße (Nadis), die vom Herzen ausgehen. Ein einziges geht zum Kopf und führt von dort aus zur

Unsterblichkeit. Dies ist die Pforte der Welt, die den Weisen vorbehalten und den Nichtwissenden verschlossen ist. Über die übrigen Strahlen führt der Weg in alle Richtungen (Ch.Up.VIII.VI.5 und 6). Wenn die Seele schließlich ihren Körper verläßt, folgen ihr Bewußtsein, ihre Handlungen (Karma) und ihre früheren Erfahrungen (Br.A.up.VI.VI.2). Die letzteren Elemente sind von wesentlicher Bedeutung, weil sie die Qualität der Seele und ihren weiteren Weg nach dem Tod bestimmen.«[34]

»Das Selbst (atman) ist bekannt dafür, daß es den Leib nach einer Lebensspanne verläßt und in einem neuen Platz nimmt (Brhadaranyaka-Upanishad 4.4.3-4), und zwar mit der Leichtigkeit, mit der eine Raupe von Blatt zu Blatt zieht oder Gold sich den Händen des Goldschmiedes anpaßt. Es wechselt seinen Leib genauso problemlos, wie der Mensch seine Kleider wechselt (Bhagavadgita 2.22). Der neue Leib nach dem Tod ist für das Selbst genauso natürlich wie die Veränderungen, die im Leib eines Kindes vor sich gehen, wenn es ein Erwachsener wird. (Yajnavalkya-smrti 20.49).«[35]

All die Übungen, bewußt im Augenblick zu leben, haben das Ziel, daß wir uns im Laufe unseres Lebens von unserem Ego lösen, welches sich in erster Linie mit äußerlichem Reichtum identifiziert. Die Bewußtseinsübungen wollen dem Menschen helfen, zu erkennen, daß er ein Teil des Ganzen ist, daß er alles und gleichzeitig auch nichts ist. Und was damit genau gemeint ist, erzählt die folgende Geschichte.

Svetaketu

(aus den Upanishaden, Indien)

Einst lebte ein junger Mann, der den Namen Svetaketu trug, bei seinem Vater, Uddalaka Aruna. Als der Jüngling sein zwölftes Lebensjahr erreicht hatte, schien es seinem Vater an der Zeit, seinen Sohn zu einem Lehrmeister zu schicken.

Svetaketu ging und kehrte im Alter von vierundzwanzig Jahren wieder nach Hause zurück. Er hatte zwar viel gelernt, war aber hochnäsig und bildete sich viel auf sein Wissen ein. Er hatte das Gefühl, nun alles begriffen zu haben, und glaubte, nichts mehr lernen zu können.

Dem Vater mißfiel das Verhalten seines Sohnes. Er nahm ihn zur Seite und fragte: »Mein Sohn, hast du jemals nach den Lehren gefragt, durch die man hört – hört und versteht –, was man nicht hören kann, hast du nach dem gefragt, durch das man sieht, was man nicht sehen kann, und weiß, was nicht gewußt werden kann?«

Svetaketu war neugierig geworden und fragte: »Nein, davon habe ich nicht gehört. Was sind das für Lehren?«

»Nun gut, ich werde dir davon berichten. Indem du weißt, was ein Klumpen Lehm ist, weißt du das Wesentliche über sämtliche Dinge, die aus Lehm gemacht werden. Sie unterscheiden sich alle lediglich nur durch ihre äußere Form und ihren Namen voneinander. Wenn du einen Klumpen Gold kennst, dann weißt du das Wesentliche über alle Dinge, die aus diesem Metall gemacht wurden. Auch hier unterscheiden sie sich lediglich in ihrer Form und durch ihren Namen. Das gleiche gilt für Eisen und alle die anderen Metalle, die du kennst. Kennst du die Beschaffenheit und das Wesentliche, aus denen die Dinge gemacht sind, dann weißt du, daß

sie sich lediglich in Form und Namen unterscheiden. Genauso bekommst du durch solches Wissen das Wesentliche und die Grundlage von allem zu Wissenden.«

»Mein lieber Vater, ich glaube, daß meine Lehrer dieses Wissen nicht hatten, denn sonst hätten sie es mich bestimmt gelehrt. So bitte ich dich, mich darin zu unterrichten.«

»Das tue ich gerne, mein Sohn. Darum höre gut zu: Am Anfang war reines Sein, eines ohne ein anderes. Einige Menschen glauben zwar, daß am Anfang nur das Nichtseiende war, das Nichtseiende ohne ein zweites, und daß dieses das Seiende gebar. Aber sage mir, wie hätte es so sein sollen? Wie hätte sich aus dem Nichtseienden ein Seiendes entwickeln können?

Nein, nein, mein Sohn, am Anfang aller Dinge existierte das reine Sein. Das reine Sein aber dachte bei sich selbst: Ich möchte so gerne »Viele« werden. Ich möchte gerne die verschiedensten Gestalten und Formen annehmen. Und so schuf das eine Sein das Licht. Das Licht aber dachte bei sich selbst: Ich möchte so gerne Viele werden. Und das Licht brachte das Wasser hervor.

Und das Wasser dachte bei sich selbst: Ach, ich möchte so gerne Viele werden und Form und Gestalt bekommen. Und so erschuf das Wasser die Erde. Auf diese Weise erschuf sich das ganze Universum aus dem reinen Sein.

Dieses Sein, das die feine Grundsubstanz von allem ist, die höchste Wirklichkeit, das Selbst von allem, was existiert – DAS BIST DU – Svetaketu.«.

»Erzähle mir mehr von diesem Wissen, gelehrter Vater«, bat Svetaketu.

»Nun gut, mein Sohn. Wenn die Bienen den Nektar von den verschiedensten Blüten sammeln und ihn zu Honig vermischen, dann denken die einzelnen Teilchen des Nektars nicht mehr: Ich

komme von dieser Pflanze, und ich komme von jener Pflanze. Genauso verlieren alle getrennten Wesen in dem Augenblick, in dem sie mit dem reinen Sein in Berührung kommen, die Vorstellung von ihrer getrennten Natur. Aber in dem Moment, wo sie aus dem reinen Sein wieder zurückkehren, haben sie wieder das Bewußtsein einer getrennten Individualität. Ob sie nun Löwe, Tiger, Maus, Bär, Wurm oder Fliege sind. Ja, selbst die Made oder ein Moskito werden wieder ganz sie selbst.

Und dieses Sein, das die feine Grundsubstanz von allem ist, die höchste Wirklichkeit, das Selbst von allem, was existiert – DAS BIST DU – Svetaketu.«

»Erzähle mir mehr von diesem Wissen, gelehrter Vater«, bat Svetaketu.

»Nun gut, mein Sohn. Alle Flüsse und auch alle Bäche, ob sie nun von Osten oder von Westen kommen, sie fließen in das Meer. Wenn sich die Flüsse erst einmal im Meer vereint haben, dann denken sie nicht länger: Ich bin der Bach, und ich bin jener Fluß. In der gleichen Art und Weise, mein Sohn, denken alle Wesen, wenn sie sich wieder mit dem Sein vereint haben, nicht mehr an die gewundenen Pfade, die sie im Leben gingen. Dieses höchste Sein, das die feine Grundsubstanz von allem ist, die höchste Wirklichkeit, das Selbst von allem, was existiert – DAS BIST DU – Svetaketu.«

»Erzähle mir mehr von diesem Wissen, gelehrter Vater«, bat Svetaketu.

»So soll es sein, mein Sohn. Gehe hin und bringe mir eine Feige von dem Feigenbaum dort drüben.« Svetaketu tat, wie sein Vater ihm befohlen hatte. »Hier ist sie, mein Vater.« *»Öffne die Feige und berichte mir, was du im Innern der Frucht siehst.«*

»Ich sehe viele, viele winzige Samen, mein Vater.«

»Nimm einen der Samen, öffne ihn und sag mir, was du darinnen siehst.«

»Ich sehe in seinem Inneren ganz und gar nichts, mein Vater.« Darauf sagte der Vater: »Die feine Grundsubstanz, die Lebenskraft der Feige erscheint dir als Nichts, aber glaube mir, mein Sohn, aus diesem großartigen Nichts ist dieser Feigenbaum emporgewachsen.

Dieses Sein, das die feine Grundsubstanz von allem ist, die höchste Wirklichkeit, das Selbst von allem, was existiert – DAS BIST DU – Svetaketu.«

»Erzähle mir mehr von diesem Wissen, gelehrter Vater«, bat Svetaketu und war erstaunt über die Weisheit seines Vaters.

»Gut, mein Sohn, so soll es sein. Nimm dieses Salz, gieße es in ein Glas mit Wasser und komme morgen früh wieder zu mir.«

Der Sohn tat, wie sein Vater ihm befohlen hatte und ging am nächsten Morgen wieder zu seinem Vater. »Bring mir das Salz, das du gestern abend in das Wasser getan hast.« Svetaketu schaute in das Glas und konnte das Salz nicht sehen, da es sich über Nacht vollständig aufgelöst hatte. Der Vater sprach zu ihm: »Nimm einen Schluck, ganz von oben, und sag mir, wie es schmeckt.«

»Es schmeckt salzig, Vater.« »Schütte noch mehr fort und trinke einen Schluck aus der Mitte des Glases. Wie schmeckt dies?« »Nicht weniger salzig als der erste Schluck, Vater.« »Und jetzt schütte ein wenig fort und trinke einen Schluck vom Boden des Glases. Wie schmeckt dies?« Auch hier tat der Sohn wieder wie ihm geheißen war. »Es schmeckt genauso salzig wie der erste und der zweite Schluck.« »Nun gut, mein Sohn. Nun wirf alles weg und komme zu mir.« Svetaketu ging zu seinem Vater und sagte: »Jeder Tropfen schmeckte salzig.«

»Das ist richtig, mein Sohn, du vermagst das reine Sein, wie es

alles durchdringt, nicht zu sehen, aber in Wahrheit ist es wirklich da.

Dieses Sein, das die feine Grundsubstanz von allem ist, die höchste Wirklichkeit, das Selbst von allem, was existiert – DAS BIST DU – Svetaketu.«

»Erzähle mir mehr von diesem Wissen, gelehrter Vater«, bat Svetaketu seinen weisen Vater.

»Gut, mein Sohn, so soll es sein. Stell dir einen Mann vor, der gänzlich erblindet ist. Er hat sich weit von seinem Zuhause verirrt und sich in der Wildnis verloren. Er wird hoffnungslos und ohne Richtung umherirren und ausrufen: Ich bin mit Blindheit geschlagen und verlassen. Aber wenn jemand käme, ihm die Blindheit nähme und ihm die Hauptrichtung zurück in seine Heimat zeigen würde, dann könnte er möglicherweise mit Hilfe seiner Intelligenz und dem nötigen Willen und mit Entschlossenheit von Dorf zu Dorf gehen und dort nach der Richtung fragen, und letztendlich sein Ziel erreichen.

In der gleichen Art und Weise kann ein Mensch, der einen Lehrer gefunden hat, der ihn den rechten Weg lehren kann, wissen, daß er auf dem richtigen Pfad ist und daß er mit viel Ausdauer und Geduld sein Ziel erreichen kann.

Dieses Wesen, das die feine Grundsubstanz von allem ist, die höchste Wirklichkeit, das Selbst von allem, was existiert – DAS BIST DU – Svetaketu.«

Während die Hinduisten die Existenz einer ewigen Seele annehmen, bestreiten die Buddhisten die Existenz einer Seele, die den Tod überdauert. Hier ist es eher das Bewußtsein, das die Existenz ausmacht. Die Theravada-Schule, eine Richtung im Buddhismus, beschreibt die menschliche Existenz beispielsweise so: »Ebenso wie alle anderen Daseinsfaktoren bildet auch das Bewußtsein einen kontinuierlichen Strom von einzelnen Momenten, die jeweils nur einen kurzen Augenblick lang bestehen. Jeder Bewußtseinsmoment erzeugt jedoch in seinem Vergehen einen ähnlich gearteten neuen Bewußtseinsmoment, so daß sich die einzelnen Bewußtseinsmomente als Glieder einer durch Kausalität verknüpften Kette zeitlich aneinanderreihen. Ähnlich wie bei den Bildern eines Films ist es die Schnelligkeit des Ablaufs, die den Eindruck einer zwar fließenden, aber doch konstanten Realität erweckt.

> *Das frühere Bewußtsein stirbt,*
> *Das spätere entsteht daraus.*
> *Kein Zwischen gibt es zwischen beiden,*
> *Und keine Lücke trennt sie;*
> *Nichts kommt von dorten hier herüber,*
> *Und doch entsteht die Geburt.*«[36]

Gautama Buddha, der Begründer des Buddhismus, ist eigentlich »nur« ein Erwachter, dem es gelungen ist, Erleuchtung zu erlangen, nachdem er jahrelang meditiert hatte und schließlich unter einem Feigenbaum die Erlösung aus dem Samsara, dem Geburtenkreislauf erlangte. Nach seiner Erkenntnis, daß alles Leben vergänglich ist und grundsätzlich dem Leiden unterliegt, zog er 50 Jahre umher, um seine Lehren über das Leben und den Tod zu verkünden:

»Mehr Tränen, ihr Jünger, habt ihr auf diesem langen Weg, immer wieder zu neuer Geburt und neuem Tod eilend, mit Unerwünschtem vereint, von Erwünschtem getrennt, klagend und weinend vergossen, als Wasser in den vier großen Meeren enthalten ist. Lange Zeit hindurch habt ihr, oh Jünger, den Tod der Mutter erfahren, lange Zeit hindurch den Tod des Vaters, lange Zeit hindurch den Tod des Sohnes, lange Zeit hindurch den Tod der Tochter, lange Zeit hindurch den Tod der Geschwister, lange Zeit hindurch habt ihr den Verlust eurer Habe erlitten, lange Zeit hindurch wart ihr von Krankheit bedrückt . . . Und so habt ihr, o Jünger, durch lange Zeit Leid erfahren, Qual erfahren, Unglück erfahren und das Leichenfeld vergrößert – lange genug wahrlich, ihr Jünger, um von jeder Existenz unbefriedigt zu sein, lange genug, um sich von allem Sein abzuwenden, lange genug, um sich von ihm zu erlösen.«[37]

Die buddhistische Lehre und das Todesverständnis basiert auf der Erkenntnis, die dem Buddha unter dem Feigenbaum zuteil wurde. Ein wichtiger Bestandteil sind die »Vier heiligen Weisheiten«. Seine erste Lehre, die Buddha nach seiner Erleuchtung in Benares hielt, handelt davon.

Die vier heiligen Wahrheiten

1. Was ist das Leiden? Die Geburt ist Leiden, das Alter auch, die Krankheit auch, der Tod auch. Auch das Verbundensein mit Nicht-liebenden und das Getrenntsein von Lieben ist Leiden. Und daß man wünscht und trachtet und nicht erlangt, auch das ist Leiden. In Summa: Die fünf Verzweigungen des Anklammerns an das Irdische (d. h. die Skandas) sind Leiden. Dies ist das Leiden.

2. Was ist die Entstehung des Leidens? Es ist jener Durst, der von Wiedergeburt zu Wiedergeburt führende, von Freude und Leidenschaft begleitete, hier und dort seine Freude findende (der Durst nach Lust, der Durst nach Werden, der Durst nach Aufhören des Werdens). Dies ist die Entstehung des Leidens.

3. Was ist die Auflösung des Leidens? Es ist eben jenes Durstes, des von Wiedergeburt zu Wiedergeburt führenden, von Freude und

Leidenschaft begleiteten, hier und dort seine Freude findenden, des in der Geburt hervortretenden und beim Tode zurückkehrenden, restlose Unterdrückung und Aufhebung. Dies ist die Aufhebung des Leidens.

4. Welches ist der zur Aufhebung des Leidens führende Weg? Es ist dieser heilige, achtteilige Pfad, der da heißt: rechter Glauben, rechtes Denken, rechtes Reden, rechtes Handeln, rechtes Leben, rechtes Streben, rechtes Gedenken, rechtes Sichversenken.[38]

Die Buddhisten versuchen, durch gezielte Ausübung des achtteiligen Pfades das »Ich« aufzulösen. Denn das Ich ist nur Täuschungen unterlegen, es existiert eigentlich gar nicht. Alles ist dem Wandel und dem Tod unterworfen.

Der Buddhismus weiß, daß alles, was geschaffen ist, vergänglich ist. Die Erkenntnis, daß wir ein Teil des Ganzen sind, wirkt befreiend. In Wirklichkeit sind wir viel mehr als all die Gefühle, die uns immer wieder umherschleudern, zerstreuen und uns in immer wieder neue Dramen verstricken. Wir sind verbunden mit viel mehr Energien, als wir uns selbst zugestehen – die Angst, sich dem wirklich zu öffnen, ist zu groß. Uns ist nicht klar, daß wir mit unserem rationalen Geist produzieren. Wir wissen nichts über unsere wirkliche Natur. Und solange wir uns nicht für dieses Größere öffnen und uns nicht von alten Vorstellungen und Meinungen lösen, ist es schwer, zu verstehen und zu akzeptieren, daß alles vergänglich ist.

Was wir hier im Westen als Person bezeichnen, ist aus der Sicht des Buddha eine Ansammlung von fünf Faktoren: Körper, Empfindung, Wahrnehmung, Geisteserregung und Bewußtsein. Bei jeder Wiedergeburt eignet man sie sich als neue Persönlichkeit an.

Und genau wie im Hinduismus geht es im Buddhismus darum,

sich von dem »Ich« zu lösen und sich frei zu machen bzw. sich als Teil des Ganzen zu erkennen. Mit Selbstdisziplin und Übung ist es möglich, immer mehr Meinungen und Vorstellungen von dem, wer man meint zu sein, hinter sich zu lassen. Durch Meditationen und andere Techniken kann man immer mehr dahin kommen, jeden Moment bewußt und aufmerksam zu erleben und sich bedingungslos für sich und für die eigene Wahrheit zu öffnen. Je mehr man sich öffnet, desto weniger man an irgendwelchen Gedanken anhaftet, umso leichter wird es, sich im physischen Tod vom Körper und von dem jetzigen Leben zu lösen. Dann kann man sich auch von Ballast bzw. Karma befreien und unbelastet durch die Pforten des Todes schreiten. Dann gibt es kein »Jemand« und kein »Ich«, der durch das Tor schreitet. So antwortete Buddha, als er nach seiner Erleuchtung gefragt wurde, wohin er im Augenblick des Todes gehen würde: »Wohin geht das Feuer, wenn das Brennholz verbrannt ist?«[39]

Es ist natürlich sehr schwierig, sich diese Vergänglichkeit vorzustellen. Aber genauso unbefriedigend ist die Vorstellung, daß wir nur aus Fleisch und Blut bestehen. Ich selbst hatte das Glück, während einer intensiven Kontemplation auf die Frage »Wer bin ich?« folgende Antwort zu erlangen, die mir die Angst vor meinem eigenen Tod genommen hat:

> *Es gibt nichts mehr zu suchen. Es gibt nichts zu finden.*
> *Alles IST einfach nur da.*
> *So wie es schon immer da war und immer da sein wird.*
> *Es gibt auch nichts zu erfahren.*
> *So wie es nichts zu sehen und zu hören gibt, dann,*
> *wenn ich einfach nur BIN.*
> *Es gibt auch nichts zu beweisen und nichts zu verteidigen.*

Es gibt nicht einmal ein Gefühl, wenn ich BIN.
Selbst das Gefühl der All-Liebe ist nur ein Gefühl,
ist Illusion und ein Traum, der mir das Gefühl vermittelt,
zu sein.
Aber wenn ich BIN, dann gibt es nur das SEIN,
das allumfassende NICHT-MEHR-GETRENNT-SEIN.
Alles und nichts in einem. Gefühllos – Geräuschlos –
Bedingungslos.
Jeder Versuch, das IST und SEIN in Worte zu fassen,
trennt mich vom SEIN bzw. NICHT-SEIN.
Das Greifen und Suchen nach Worten nimmt der
Leere ihren Inhalt.
Ich war immer da und werde immer da sein.
(25.8.97)

Ramana Maharshi, ein indischer Weiser, beschreibt den Teil des Menschen, der nach dem Tod weiterexistiert, folgendermaßen:

»Das, in dem alle diese Welten dauerhaft zu existieren scheinen, das, dessen Besitz all diese Welten sind, das, woraus alle diese Welten entstehen, das, wofür alle diese Welten existieren, das, wofür alle diese Welten in Erscheinung treten, und das, was in der Tat dieses alles ist – das allein ist die existierende Wirklichkeit. Laßt uns das Selbst, das die Wirklichkeit ist, im Herzen hochhalten.«[40]

Gottes Seelen

Auch im Islam versuchen Menschen eine Erklärung für das zu finden, was dem Körper innewohnt.

»Die Beziehung zwischen dem Körper und der Seele gleicht der

Neigung des Menschen zu seiner Kleidung. Es ist die Pflicht des Menschen, seine Kleidung in guter Ordnung zu halten, denn er braucht sie, um in der Welt leben zu können. Aber es ist Unwissenheit, große Unwissenheit, wenn der Mensch sich selbst vergißt und denkt, er sei seine Kleidung. Doch das tut er im allgemeinen. Wie wenige können aufhören, entweder zu denken: ›Dieser Körper bin ich selbst‹, oder: ›Mein Selbst ist getrennt von diesem Körper – größer, kostbarer und langlebiger als dieser Körper.‹

Was ist dann Sterblichkeit? – Es gibt keine Sterblichkeit außer in der Illusion, die der Mensch sein Leben lang als Angst festhält und als Eindruck, nachdem er diese Erde verlassen hat.

›Alle Seelen kommen von Gott, und zu IHM kehren sie zurück.‹« (Koran)[41]

Der gerechte Tod

Es ist schwer, die Gesetzmäßigkeiten des Lebens und des Todes zu verstehen. Gibt es überhaupt welche? Warum sind manche Menschen reich und schön und werden von allen anderen geliebt und begehrt? Andere wiederum leben in Ländern, in denen Krieg herrscht und sie weder ein Dach über dem Kopf noch genug zu essen haben. Wer bestimmt das Leben? Und wer den Tod? Warum stirbt der eine Mensch jung, noch bevor er eigentlich gelebt hat? Und wieso leiden andere Menschen lange, bevor sie sterben dürfen? Wer weiß die Antwort? Wer kennt die Gerechtigkeit?

Oft scheint es keine logische Antwort auf Dinge zu geben, die passieren. Nicht nur das Schicksal handelt paradox, wie folgende Geschichte erzählt. Sie handelt zwar nicht vom Tod, spiegelt aber die eigene Gesetzmäßigkeit der Gerechtigkeit wider.

Der Hodja unter dem Walnußbaum
(Türkei)

Es war ein wunderschöner Sommertag. Die Sonne war längst nicht mehr so heiß, als der Hodja[*] im Schatten seines Lieblingsbaumes,

[*] »Hodja« heißt wörtlich »der ehrwürdige Lehrer«

einem alten Walnußbaum, saß. Während er so dasaß, näherten sich
ihm einige Kinder des Dorfes, die offensichtlich in Streit geraten
waren.

»Ehrwürdiger Hodja«, sprach der größte von ihnen. »Wir sind
in Streit geraten und wissen nicht mehr weiter. Deshalb brauchen
wir Euer Urteil. Wir haben heute den ganzen Tag Walnüsse gesam-
melt, die wir unter diesem Baum finden konnten. Vorhin sind wir
nach Hause gegangen und wollten sie unter uns verteilen. Wir sind
zu viert und haben alle gleich fleißig gesammelt, und nachdem wir
alle Nüsse verteilt haben, sind nun noch drei Walnüsse übrig. Wir
haben dann unter einem anderen Walnußbaum geschaut, ob wir
nicht noch weitere Nüsse finden, aber es war keine einzige mehr zu
finden. Natürlich will keiner von uns eine Walnuß weniger bekom-
men als die anderen. Jetzt können wir aber nicht entscheiden, wen
von uns es treffen soll. Also haben wir Euch gesucht, denn Eure
Weisheit ist uns wohlbekannt. Und Ihr wart immer derjenige, der
den Streit schlichten konnte, wenn es anscheinend keine Lösung
gab. Bitte, ratet uns nun, wie wir entscheiden sollen.«

Der Hodja freute sich darüber, daß die Jungen nach einer
wirklich fairen Lösung suchten, und während er der leidenschaft-
lich vorgetragenen Bitte aufmerksam zuhörte, strich er sich gedan-
kenvoll über seinen Bart. Nachdem der Junge zu Ende gesprochen
hatte, schwieg der Hodja noch eine ganze Weile, und schließlich
fragte er: »Wünscht ihr in eurem Fall Gottes Gerechtigkeit oder die
Gerechtigkeit der Menschen angewendet zu sehen?«

Der Junge, der für die anderen gesprochen hatte, wandte sich
überrascht an seine Gefährten. Gab es für diese Art von Dingen
etwa zwei Arten von Gerechtigkeit? Anscheinend, denn der Hodja
forderte sie nun auf, zwischen beiden zu wählen. Die Jungen be-
sprachen die Angelegenheit.

»Hört mal«, sagte einer, »die Gerechtigkeit der Menschen ist uns nur zu gut bekannt. Haben wir nicht erlebt, daß dem Kadi Bestechungsgelder gezahlt werden müssen, um ein günstiges Urteil zu bekommen? Auch in unserem Falle würde wohl ein solches Bestechungsgeld erwartet, und wer am wenigsten zahlt, verlöre die Walnuß. Aus diesem Grunde stimme ich für Gottes Gerechtigkeit.«

»Du hast recht. Der Mensch hat nichts Gutes im Sinn, wenn es um seinen Vorteil geht. Ich stimme ebenfalls für die Gerechtigkeit Gottes«, sagte der nächste. »Denn sorgt Gott nicht für alle? Und vertreten nicht alle heiligen Männer – zu denen wir unseren Hodja zweifellos zu rechnen haben – Gottes Wege unter den Menschen? Soviel wie ich vom Hodja gehört habe, wird er zu Gott beten und eine vierte Walnuß vom Baum schütteln, damit wir gleichmäßig teilen können und Gottes Gerechtigkeit erfüllt werde.«

Nun sprach auch der dritte: »Haben wir nicht alle schon viele Male erlebt, daß die menschliche Gerechtigkeit ein Phantom ist? Immer wieder ist es passiert, und das in erster Linie, weil ihre Vertreter selbst Diebe sind, die sich der Güter bemächtigen, über die sie urteilen sollen. Abgesehen von allen Bestechungsgeldern, die wir vielleicht zahlen müßten, könnten wir wohl erwarten, daß der Hodja am Schluß mehr erhält als wir alle und wir uns mit dem Rest bescheiden müssen. Ich stimme euch zu, Gottes Gerechtigkeit ist gut und wird für uns alle die beste Lösung schaffen.«

»Also ist die Sache entschieden«, sprach der vierte im Bunde. »Denn warum auch sollte jemand die Weisheit der Menschen derjenigen Gottes, des allmächtigen Allerbarmers, vorziehen? Gleichgültig wie die Menschen urteilen, man sollte in diesen Dingen stets nur auf Gottes Hilfe vertrauen, selbst wenn es nur um eine einzige Walnuß geht.«

»Ehrenwerter Hodja«, sagte nun wieder der Sprecher, nachdem

die vier zu ihrer Entscheidung gekommen waren. »*Einstimmig sind wir der Meinung, daß Gottes Gerechtigkeit der menschlichen vorzuziehen ist. Da wir wissen, daß Ihr diese Gerechtigkeit in genauer Übereinstimmung mit der göttlichen Weisheit vollstrecken werdet, bitten wir Euch im Falle der Walnüsse um Euer Urteil.*«

»Ihr habt wohl gewählt«, sagte der Hodja mit einem Lächeln. Dann gab er dem Sprecher vierzig Walnüsse, dem zweiten dreißig, dem dritten dreizehn und dem vierten schließlich keine einzige.

Manches Mal scheint es, daß Menschen wie durch ein Wunder oder wie von Schutzengeln beschützt, einen schweren Unfall überleben. Andere wiederum kommen durch anscheinend »dumme Zufälle« ums Leben, durch Geschehnisse, an denen sie völlig unbeteiligt sind. Häufig ist es nicht nachvollziehbar, wann und warum dieser Mensch gerade jetzt sterben muß. Aber wer weiß schon, wann die Stunde des Todes schlägt. Allerdings scheint es, daß es wohl keine Möglichkeit gibt, dem Tod zu entkommen, wenn es an der Zeit ist, zu sterben.

Der Tod, der ihm bestimmt war
(Weißrußland)

Es war ein Tag wie jeder andere. Nach dem Frühstück nahm der Waldhüter seinen Hut und ging in den Wald, um seinen Rundgang zu machen. Als er so des Weges ging, sah er plötzlich, wie ein großes Rudel Wölfe auf ihn zugelaufen kam. Sie sahen ihn alle gierig an, und sofort kletterte er auf eine Tanne. Die Wölfe jedoch setzten sich unter die Tanne und fletschten mit den Zähnen. Es vergingen Stun-

der, ohne daß auch nur einer der Wölfe unter der Tanne fortging. Der Waldhüter saß ängstlich auf der Tanne und betete in seiner Verzweiflung zu Gott. Und als es Nachmittag war, kam ein graues Großväterchen des Weges. Es hatte ein freundliches Gesicht. Es war Gott. Die Wölfe erkannten ihn sofort, sprangen auf und sagten zu ihm: »Herr, wir haben Hunger und uns verlangt zu essen!« Gott sah die hungrige Meute und den Waldhüter, der immer noch in der Tanne saß. Er sprach zu den Wölfen: »Stehl du bei dem einen einen Widder, und du stiehlst bei dem anderen ein Pferd.« Und zu einem dritten Wolf sagte er: »Und du gehst hin und reißt bei einem dritten einen Ochsen.« Für alle Wölfe hatte er Befehle, aber nur für einen nicht. Dieser fragte Gott: »Aber Herr, auch ich habe Hunger, was werde ich denn essen?« »Du ißt diesen Mann, der auf der Tanne sitzt.« So liefen die Wölfe in die unterschiedlichsten Richtungen, und Gott lief, auf seinen Stock gestützt, weiter in die Wälder.

Der Waldhüter saß weiterhin angsterfüllt auf dem Baum, und der Wolf saß zähnefletschend da und beobachtete ihn. Als es Abend wurde, da kamen die Söhne des Waldhüters, die ihn schon überall gesucht hatten. Der Waldhüter erklärte seinen Söhnen, was geschehen war, und erzählte ihnen auch, daß Gott dem Wolf befohlen hatte, ihn zu fressen. So gingen sie nach Hause und holten ein Faß, in welches sie den Vater setzten. Sie nagelten es zu und fuhren den Vater nach Hause.

Als sie auf dem Weg waren, da holte sie ein hübsches junges Fräulein ein und sagte: »Burschen, ich habe mir im Wald meinen Fuß verletzt und kann nicht mehr gescheit laufen. Es schmerzt sehr, und mein Weg ist noch weit. Bitte, nehmt mich doch ein Stück des Weges mit!« Der Älteste antwortete: »Wir haben nirgends Platz, außer im Faß des Vaters.« Das Fräulein jammerte ein wenig, und so ließen die Burschen sich überreden. »Also gut!« sprachen sie.

Sie öffneten das Faß, und das Fräulein kletterte hinein, die Söhne verschlossen auch dieses Mal das Faß und fuhren weiter.

Es dauerte nicht lange, da rumpelte und krachte es im Faß, so daß die Burschen sich fragten, was der Vater da wohl mit dem Fräulein treibt. Irgendwann wurde es wieder still, und jeder der Burschen hing seinen Gedanken nach. Als sie schließlich zu Hause ankamen, öffneten sie das Faß. Mit einem riesigen Satz sprang der Wolf hinaus und lief davon. Vom Vater aber waren nur noch die Knochen und der Hut übriggeblieben.

Jetzt verstanden sie, daß es Gott gewesen war, der den Wolf in das Mädchen verwandelt hatte und daß es keine Möglichkeit gab, dem zu entgehen, wenn die Stunde des Todes gekommen war.

Wie steht es mit Prophezeiungen und Wahrsagungen über die Stunde des Todes? Sind das alles Hirngespinste, oder ist an ihnen auch ein Funken Wahrheit? Viele Menschen bekommen die Aussagen von Wahrsagern, Handlesern oder anderen Zukunftssehern nicht mehr aus dem Kopf, selbst wenn sie überhaupt nicht an solche Dinge glauben. So auch ein Jüngling aus Nepal:

Der Todesgott
(Nepal)

Es lebten einst zwei Jünglinge in enger Freundschaft zusammen. Sie waren so befreundet, daß sie zusammen aßen, schliefen und jagten. Keiner der beiden hatte eine Braut.

Eines Tages merkten sie, daß die Zeit der Jugend langsam vorbei ging. Und so kamen sie überein: »Nun, da wir bald ins Mannesalter eintreten, sollten wir in die weite Welt ziehen und schauen, was es sonst noch alles gibt. Die Zeit eitlen Schwatzens, wie es die jungen Mädchen zu tun pflegen, ist vorbei. Laß uns unser Glück in fernen Ländern suchen.« Sie überlegten nicht lange und holten sich die Zustimmung des Familienoberhauptes.

Die Väter waren froh, und so erhielt jeder eine Summe von fünfhundert Rupien. Sie feierten ein großes Fest, und an einem sonnigen Tag im Frühjahr verließen sie das Haus und den Ort, in dem sie groß geworden waren. Eine große Menge von Freunden und Verwandten war gekommen, um sie bis vor die Tore der Stadt zu begleiten und von ihnen Abschied zu nehmen. Viele trugen brennende Räucherstäbchen mit sich, und alle wünschten ihnen Gottes Segen.

Nachdem sie einige Tage unterwegs waren, trafen sie wie von ungefähr auf einen gewaltigen schwarzen Stier, welcher ihnen auf dem Weg entgegenkam und vor Wut laut schnaubte. Sie fürchteten sich und versuchten, möglichst unauffällig an dem gefährlichen Tier vorbeizukommen. Doch der Stier ging auf die beiden jungen Männer los, durchbohrte den einen mit seinen Hörnern und tötete ihn. Merkwürdigerweise tat er dem anderen nichts.

Dieser, durcheinander und von Schmerz und Schock benebelt, war zwar mit Glück entkommen, aber dennoch in einer mißlichen Lage. Denn als dieses Unglück geschah, befand sich nämlich kein Mensch in der Nähe. Niemand hatte es gesehen. Ohne einen Augenzeugen konnte es ihm leicht geschehen, wegen Mordes an seinem Freunde angeklagt zu werden.

Er wußte nicht, wohin er gehen sollte, denn er war sich nicht sicher, ob die Familie des Freundes ihm Glauben schenken würde. Von der Verzweiflung getrieben, beschloß er, seinem Leben ein Ende zu machen. Er ging hin zu dem Stier und hoffte, daß dieser auch ihn mit seinen Hörnern durchbohre. Aber, so seltsam es klingt, der Stier rührte ihn nicht an. So sehr der Mann ihn auch provozierte, der Stier blieb ruhig und schien ihn gar nicht zu bemerken. Doch plötzlich verwandelte er sich in eine schwarze Schlange riesigen Ausmaßes. Der Mann glaubte mittlerweile, daß er träumen würde und war erstaunt über diese plötzliche Verwandlung. Seine Neugierde erwachte, und so beschloß er, der Schlange zu folgen. Sie kroch flink davon, und es kostete ihn einige Mühe, sie nicht aus den Augen zu verlieren. Als die Sonne unterging, folgte er immer noch ihrer Spur und erkannte, wie sie etwas später im Gemäuer eines Gasthauses verschwand. In ebendieses trat er ein und fand vier Haufen Silbermünzen, worüber er sich sehr verwunderte. Die Münzen waren fein säuberlich nebeneinander aufgeschichtet, und ein jeder Haufen war etwa tausend Rupien wert. Doch weit und breit war kein Mensch auszumachen. Als er gerade die vier Haufen aus der Nähe betrachtete, hörte er, daß sich von ferne jemand dem Hause näherte. Schnell kletterte er auf den Dachboden, wo er sich hinter ein paar alten Matten versteckte. Dort wartete er gespannt und hielt Ausschau.

Er sah, wie vier dunkle Gestalten eintraten. Zwei von ihnen gingen schon kurz darauf wieder fort, um Vorräte im naheliegenden Ort einzukaufen. Bald merkte der junge Mann, daß die Schlange ihn in eine Räuberhöhle geleitet hatte und es sich bei den Männern um Banditen handelte, die gerade um ihre Beute stritten. Die Zurückgebliebenen schmiedeten einen Plan, ihre Kameraden bei ihrer Rückkehr für immer zu beseitigen. Gleich wenn sie zur Türe eintreten würden, sollten sie mit einigen tödlichen Schlägen auf die Köpfe bedacht werden. So beschafften sie Eisenstangen und warteten auf die Heimkehr der beiden.

Auch die beiden anderen Ganoven heckten einen ähnlichen Plan aus. Auch sie wollten ihre beiden Kameraden für immer aus dem

Wege räumen, und zu diesem Zwecke mischten sie ein tödliches Gift unter die Süßigkeiten. Auf dem Rückweg legten sie sich noch einen Vorwand zurecht, um ihr langes Ausbleiben zu erklären. Als die beiden in den Gasthof eintraten, wurden sie durch die Keulenhiebe ihrer Kumpanen getötet. Die beiden Kerle, welche im Gasthaus zurückgeblieben waren, freuten sich: »Endlich! Jetzt können wir die ganze Beute unter uns teilen. Laß uns aber zuvor einen Imbiß nehmen, um unseren Hunger zu stillen.«

Mit diesen Worten machten sie sich über die vergifteten Süßigkeiten und den Curry her. Aber schon beim ersten Bissen wirkte das Gift, sie fielen zu Boden und starben.

Der Mann, der alles vom Dachboden aus beobachtet hatte, kletterte aus seinem Versteck, um sich die Szene etwas genauer anzusehen. Er war noch nicht ganz bei den vier Leichen, da tauchte wieder die schwarze Schlange vor ihm auf und begann zu sprechen: »Hast du das ganze Geschehen verfolgt? Dies wurde alles bestimmt vom Todesgott. Jedes Wesen hier auf Erden ist dazu verurteilt, zu einer ganz bestimmten Stunde zu sterben. Ebenso du. Morgen in achtzehn Jahren, zur selben Stunde, wirst du dich an jenem Baum dort drüben erhängen.« Nach dieser schrecklichen Prophezeiung verwandelte sich die Schlange in eine schwarze Krähe und flog aus dem Fenster. Der Mann, überwältigt vor Staunen und Ehrfurcht, fragte sich: »Wie soll es sein, daß ich am Baum auf jenem Hügel sterben sollte, wo es hier für mich keinen Grund gibt zu bleiben, da ich nicht mehr nach Hause zurück kann und jetzt mit dem ganzen Geld auf Reisen in ferne Länder ziehe!« Er versuchte, ein wohlgefälliges und doch angenehmes Leben zu führen und sein Abenteuer im Gasthaus zu vergessen.

Dies gelang ihm aber nicht. Immer wieder erinnerte er sich an seinen Freund, der ihm fehlte, und immer wieder kamen ihm die

Worte der schwarzen Schlange in den Sinn. So zählte er die Tage, Monate und Jahre während seiner Wanderschaft. Es kam der Tag, für den die Schlange ihm seinen Tod vorausgesagt hatte, und es fehlte nur noch eine Stunde bis zu diesem Augenblick. Er befand sich in einem anderen Land, weit entfernt von dem Hügel, auf welchem der verlassene Baum stand, an dem zu sterben es ihm bestimmt war. Und sicher, daß die Schlange sich geirrt hatte, sprach er zu sich selbst: »Auch wenn ich gerade wie eine Krähe im Flug zu dem Ort ginge, würde der Fußmarsch mindestens drei Tage dauern. Wie kann es denn möglich sein, daß ich in einer Stunde an jenem bestimmten Ort sterben soll? Die Schlange und ihr Gott haben sich geirrt.«

Voller Zuversicht und Pläne für die Zukunft schlenderte er gemütlich durch einen Garten. Da fielen seine Augen plötzlich auf einen herrlichen, geflügelten Schimmel, welcher majestätisch dastand. Bald kam er verführerisch in seine Nähe, bald wieder entfernte er sich. Ein unwiderstehliches Verlangen packte den Mann, auf den Rücken des Tieres zu steigen und einen Vergnügungsritt zu machen. Im selben Augenblick kam das Pferd dicht an ihn heran und erhob seine silberscheinenden Flügel. Es nahm eine einladende Haltung an, als wollte es ihn bitten, aufzusitzen.

Der Mann sprang auf und setzte sich rittlings auf den Rücken des Tieres. Kaum saß er oben, erhob sich das Pferd in die Lüfte, geradewegs zum Hügel, wo der einsame Baum stand. Als der Mann den Baum erkannte, wurde er traurig. Ihm fiel sein Freund ein, und er hatte das Gefühl, daß er seit dessen Tod gar nicht mehr glücklich gewesen war. Wie im Traume stand er da und dachte: »Was nützt es mir, in diesem verlassenen, unwegsamen Walde zu verbleiben? Besser, ich mache meinem Leben ein Ende und erhänge mich an diesem Baum.«

132

Er zog sein Lendentuch aus, knüpfte es an einem Aste fest und machte am anderen Ende eine Schlinge. Jetzt erkannte er, daß die Schlange doch recht gehabt hatte. Er erkannte, daß die Prophezeiung wahr wurde und sich aufs Wort genau erfüllte. »Niemand kann seinem Tod entfliehen.« Mit diesen Worten erhängte er sich an einem Ast des Baumes und starb.

Gottes Gesetze und Entscheidungen, wann die Stunde des Todes für einen Menschen gekommen ist, scheinen nicht nur für uns Menschen schwer nachvollziehbar zu sein. Auch Engel haben manchmal Schwierigkeiten, in Gottes Entscheidungen einen Sinn zu sehen.

Der bestrafte Todesengel
(Litauen)

Es war einmal eine arme Familie. Der Mann und die Frau hatten drei Buben und zwei Mädchen. Die Familie war so arm, daß sie kaum genügend Kleidung hatten, und an Tagen, an denen der Vater keine Arbeit hatte, gab es auch nicht genügend für alle zu essen. So kam es, daß der Vater in einem besonders strengen und klirrend kalten Winter eines Tages krank wurde und kurze Zeit später starb. Die Mutter blieb mit ihren fünf Kindern als Witwe zurück. Gott schickte den Todesengel mit dem Auftrag zur Erde, auch die Mutter zu holen. Der Engel ging auf die Erde, rief den Tod zu sich, doch als er die kleinen Kinder sah, dachte er sich: »Wenn die Mutter jetzt auch noch stirbt, dann sind die fünf kleinen Kinder völlig verloren. Es ist wohl besser, wenn ich die Kinder mitnehme, denn die Mutter wird sich alleine zurechtfinden, aber die Kinder sind alleine hilflos.«

So kehrte er zum Himmel zurück, und als Gott ihn sah, fragte er:
»Nun, hast du die Mutter genommen?« »Nein, die Mutter habe ich
nicht genommen. Ich habe die fünf kleinen Kinder genommen.«
Gott war entsetzt und fragte: »Warum das?« »Die Kinder taten mir
leid. Was soll denn aus ihnen werden? Die Mutter für sich alleine
findet besser ihr Fortkommen.« Gott wurde böse und schimpfte mit
dem Engel: »Was hast du da nur angerichtet! Du weißt ja gar nicht,
wieviel Heiden sie zum Glauben bekehrt hätten. Einer von ihnen
wäre später Pfarrer geworden, ein zweiter Bischof und eines der
Mädchen hätte einen Orden geleitet. Sie hätten zahlreiche Men-
schen zum rechten Glauben bekehrt. Das Weib aber«, fuhr er fort,
»sie wird sich von Wüstlingen verführen lassen und sündigen.« Gott
war so böse, daß er den Todesengel aus dem Himmel vertrieb und
sprach: »Du darfst erst wieder zurückkehren, wenn du so viele
Menschen zum rechten Glauben bekehrt hast, wie es die drei getan
hätten.«

So kam es, daß der Engel auf die Erde kam und nicht recht wußte,
wie er beginnen sollte, Menschen zum Glauben zu bekehren. Als er
durch ein Städtchen lief, begegnete ihm ein Pfarrer, der ihn fragte:
»Jüngling, wohin gehst du?« »Ich bin auf der Suche nach Arbeit,
Herr«, antwortete ihm der Engel. Der Pfarrer schien erfreut: »Ich
suche einen Kutscher. Vielleicht magst du diesen Dienst überneh-
men?« Der Engel nahm den Vorschlag an und diente dem Pfarrer
als Kutscher.

Eines Tages waren sie auf dem Weg von der Messe zurück nach
Hause. Auf dem Rückweg zog ein großer Sturm auf und Blitze und
Donnerschläge kamen mit Gewalt nieder. Der Pfarrer befahl,
schneller zu fahren, aber der Kutscher beachtete ihn nicht. Er
schwenkte nur die Peitsche nach oben, unten, links und rechts,
gerade so, als wenn er gegen etwas kämpfen würde. Als sie an einem

Wirtshaus vorbeikamen, da lächelte der Kutscher, und als sie die Straße ein Stück weiterfuhren, da tat er einen tiefen Seufzer. Als sie dann ein Stück weiter bei ihrer Kirche vorbeifuhren, sprang er wie vom Blitz getroffen vom Kutschbock, nahm einen großen Stein und warf ihn gegen ein Kirchenfenster, so daß die Scheibe mit großem Krach zersprang. Der Pfarrer hielt ihn für verrückt, und sobald sie zu Hause waren, rief er ihn zu sich und kündigte ihm den Dienst. »Und warum?« fragte ihn jener. »Ich habe dir befohlen, schneller zu fahren und statt dessen fuchtelst du mit der Peitsche, als würdest du gegen Hunde kämpfen.« »Es waren keine Hunde«, antwortete der Kutscher, »es waren fünf Teufel. Sie wollten auf den Wagen klettern. Und hätte der Blitz sie getroffen, dann hätte er auch Euch getroffen und deshalb vertrieb ich sie mit der Peitsche.« »Und was hat dich zum Lächeln bewogen, als wir am Wirtshaus vorbeifuhren?« »Die Leute saßen dort und beteten zu Gott, auf daß der Blitz sie nicht treffen möge.« »Und warum«, fragte der Pfarrer weiter, »hast du geseufzt, als wir die Straße ein Stück weiterfuhren?« »Dort waren viele Betrunkene, die sündigten. Diese Teufel, die ich von unserer Kutsche vertrieben habe, liefen dann in das Wirtshaus. Wenn der Blitz sie trifft, dann wird er auch das Wirtshaus treffen und alle Betrunkenen darin werden verbrennen.« Kaum hatte er diese Worte über die Lippen gebracht, da schlug der Blitz ins Wirtshaus ein. »Und wieso hast du ein Kirchenfenster zerschlagen?« »Dort im Fenster stand ein Teufel. Und wenn der Blitz ihn getroffen hätte, dann hätte unsere Kirche gebrannt.« »Mir scheint, daß du ein Engel bist!« sagte der Pfarrer. »So ist es.« Der Pfarrer war etwas skeptisch und verlangte einen Beweis: »Dann singe mir das Lied der Engel.« »Für einen einzigen Menschen soll ich das Lied der Engel singen?« fragte der Engel und lachte. »Wenn wir im Himmel singen, dann lauschen uns Millionen von Menschen. Wenn *du willst, daß ich singe, dann baue eine Kirche, in der eine riesige Menschenmenge Platz hat.«*

Der Pfarrer war reich und ließ eine Kirche ganz genau nach den Anweisungen des Engels bauen. Als die Kirche fertig war, kamen aus aller Herren Länder die Bischöfe und Päpste, um dem Gesang des Engels zu lauschen. Es versammelte sich eine ungeheure Menschenmenge. Christen, Heiden, Gläubige und Ungläubige. Und als der Engel die Kanzel bestieg und eine Predigt hielt, wurden die Sündigen von Reue über ihre Sünden ergriffen. Und als er nach der Predigt anfing zu singen, da fielen sie vor ihm nieder, und keiner von ihnen stand auf. Sie alle starben vor Freude und wurden glückselig. Der Himmel öffnete sich, und der Himmel nahm sie alle mit zu Gott. Der Engel konnte jetzt wieder im Himmel bleiben, denn er hatte viel mehr Menschen bekehrt, als es den Kindern möglich gewesen wäre, denen er den Tod bestimmt hatte.

Der eigene Tod

Wenn ich sterben und dich für einige Zeit zurücklassen sollte,
dann mache es nicht wie die anderen,
deren Wunden nicht versorgt sind
und die beim stillen Staub lange verweilen, und die weinen.
Um meinetwillen:
Kehre zum Leben zurück und lächle,
kräftige dein Herz und deine zitternde Hand,
damit sie einer die Herzen anderer trösten als dein eigenes.
Vollende die liegengebliebenen Arbeiten,
die mir so wichtig waren,
und ich werde dir, vielleicht, darin Trost gewähren.[42]

Für viele Menschen ist es nicht einfach, die eigene Sterblichkeit
bewußt zu akzeptieren. Oftmals tun wir, als ob wir unsterblich sind
und leben so vor uns hin – tagein, tagaus. Wie oft haben wir das
Gefühl, daß das Alter an uns vorbeigeht, bis wir einen runden
Geburtstag feiern oder die ersten Falten im Gesicht entdecken. Und
wie oft denken wir in Momenten, die das Leben besonders lebens-
wert machen, wie schön es doch wäre, die Zeit anzuhalten und
unsterblich zu sein. Aber wäre es wirklich so wunderbar?

Die Geschichte des weisen Herrschers Suleiman
(Persien)

Es war einmal der weise Herrscher Suleiman, der seinem Volk ein guter Führer war. Als er alt geworden und sein Körper gebrechlich war, kam der Anführer der bösen Geister zu ihm und fragte ihn: »Oh Gebieter, hier bringe ich dir die Zauberschale mit dem Wasser des Lebens. Wenn du davon trinkst, wirst du von all deinen Schmerzen in deinen Gliedern befreit, du wirst dich wieder jung und frisch fühlen und dazu noch die Unsterblichkeit erlangen.«

Der alte Herrscher war in seinen Handlungen stets bedächtig und sehr vorsichtig. Der Gedanke schien ihm sehr verlockend, aber trotzdem befahl er seinen Wächtern, die ersten drei Männer, die an seinem Palast vorbeiliefen, vor ihn zu führen.

Es dauerte nicht lange, da standen ein tapferer Krieger, ein reicher Händler und ein armer Hirte vor ihm.

Zuerst fragte Suleiman den tapferen Krieger: »Was glaubst du, werde ich glücklich sein, wenn ich aus der Zauberschale vom Wasser des Lebens getrunken habe?«

Ohne einen Moment zu zögern, antwortete der Krieger: »Natürlich, du wirst überglücklich sein, denn dein Gebrechen wird von dir fallen und du wirst Tausende und Abertausende Jahre leben. Dann hast du Zeit, alle Länder, die du begehrst, zu erobern und zu besitzen. Wäre es nicht das größte Glück eines Herrschers, unterworfene Völker um sich zu haben?«

Als zweites fragte Suleiman den reichen Händler: »Was glaubst du, werde ich glücklich sein, wenn ich aus der Zauberschale vom Wasser des Lebens getrunken habe?«

Ohne zu zaudern antwortete der: »Ja, du wirst glücklich sein!

Mit jedem Jahr wird dein Reichtum größer werden, und in tausend Jahren wirst du die ganze Welt besitzen. Ist es nicht ein unbeschreibliches Glück, reicher und reicher zu werden und zu wissen, daß alles dein ist?«

Als letztes fragte er den armen Hirten: »Was glaubst du, werde ich glücklich sein, wenn ich aus der Zauberschale vom Wasser des Lebens getrunken habe?«

Gelassen schaute der Hirte Suleiman an und entgegnete: »Oh Herr! Der Krieger und der Händler haben dir nicht die ganze Wahrheit gesagt. Sie wollten dich verschonen und haben dir etwas verschwiegen. Sie haben dir zwar erklärt, warum du glücklich sein wirst, aber sie haben dich nicht wissen lassen, warum du unglücklich sein wirst.«

Der Händler und der Krieger waren erbost über die Worte des Hirten und riefen wie aus einem Munde: »Wie kannst du armer Tor es wagen, uns zu widersprechen. Wie könnte ein Herrscher, der die Unsterblichkeit erlangt hat, unglücklich sein?«

»Höre mich, oh Gebieter«, sagte der Hirte immer noch gelassen. »Du trinkst einen Schluck vom Wasser des Lebens und erlangst ewiges Leben. Es wird aber der Tag kommen, an dem deine innigst geliebte Frau sterben wird. Jeder in deinem Reich weiß, wie sehr du sie liebst. Du aber lebst weiter und siehst lediglich, wie dein Reichtum sich mehrt. Aber ihren Platz wird keine zweite Frau in deinem Leben ersetzen können. Und eines späteren Tages werden deine geliebten Kinder sterben, an denen du dich jetzt so sehr erfreust. Du freust dich zwar deiner Macht, aber wem willst du deine Reiche vererben, jetzt, wo deine Kinder tot sind? Auch deine Kindeskinder werden sterben und du bist alleine. Du kannst dann alle deine Schätze zählen, aber es wird keiner da sein, der sich mit dir freut, denn auch deine Freunde werden sterben. Und es wird der

Tag kommen, an dem du dich nach deiner Frau, deinen Kindern, deinen Kindeskindern und deinen Freunden sehnen wirst. Das ist das, was dir der Kaufmann und der Krieger verschwiegen haben. Aber nun gehe du nur hin und trinke vom Wasser des Lebens, damit du Unsterblichkeit erlangst.«

»Um nichts in der Welt«, rief der Herrscher Suleiman entsetzt aus. »Um nichts und wieder nichts in der Welt! Was habe ich davon, zu leben und ein großes Reich zu besitzen, wenn meine Frau und meine geliebten Kinder nicht bei mir sind? Wie soll ich mich an all den Reichtümern freuen, wenn ich meine Familie betrauern muß? Und wozu all die Macht, wenn niemand da ist, mit dem ich sie teilen kann?«

Nachdem der Herr Suleiman diesen Satz ausgesprochen hatte, nahm er die Zauberschale mit dem Wasser des Lebens vor den Augen des Kriegers, des Händlers und des armen Hirten und zerschmetterte sie mit aller Kraft auf dem Boden. Die Erde sog den Zaubertrank in sich ein, und die Scherben des kostbaren Gefäßes befahl Suleiman ins Meer zu werfen.

Wenn wir es schaffen, den Tod zu akzeptieren und uns dadurch dem Leben zu öffnen, können wir unser Dasein ganz anders genießen, wir könnten unser Leben in Bewußtheit leben. Den meisten von uns fällt es aber unendlich schwer, den Tod als Teil von sich anzunehmen, sie verdrängen ihn.

Wenn wir den Tod nicht in unser Leben integrieren, kann es passieren, daß wir unser ganzes Leben vor etwas weglaufen: Fernsehen, Drogen, Konsum und andere Dinge helfen uns dabei, die Tatsache, daß wir irgendwann sterben müssen, zu verleugnen, zumindest eine Zeitlang. Doch egal, wohin wir gehen: Der Tod ist allgegenwärtig.

Die Flucht vor dem Tode
(Nordamerika)

Die ersten Menschen lebten in der Unterwelt und führten dort ein angenehmes Leben. Aber mit der Zeit wurden die Menschen gierig, und der Wunsch nach Macht und Besitz nahm ihnen den Frieden. Mit der Habgier kam auch immer mehr Streit zwischen den Menschen auf, und es dauerte nicht mehr lange, da Mord und Totschlag immer häufiger passierten. Die untere Welt stank jetzt so sehr, daß die Menschen darin nicht mehr länger leben wollten.

Es kam der Tag, wo sich die Häuptlinge versammelten, um eine Lösung zu finden. Sie sprachen zueinander und beschlossen, eine neue Welt zu suchen, in der der Tod nicht wohnt. »Laß uns in den vier Himmelsrichtungen suchen, ob es eine Welt gibt, in der kein Tod herrscht und wir in Frieden zusammenleben können«, schlug einer der Häuptlinge vor. Die anderen stimmten ihm zu, und die klügsten Männer wurden zusammen mit den besten Jägern losgeschickt, um einen Ausgang aus der Unterwelt zu finden. Aber sie blieben erfolglos, und so kamen die Häuptlinge erneut zusammen. Sie berieten und stellten fest, daß sie alleine wohl nicht klug genug waren, um einen Ausgang aus der Unterwelt zu finden.

So kam es, daß sie ein Zauberritual abhielten und den Adler um Hilfe riefen. Sie baten ihn, in die Lüfte aufzusteigen und im Himmel nach einer Öffnung zu suchen, durch die sie in eine Welt gelangen könnten, in der es keinen Tod gab.

Der Adler mit seinen starken Schwingen stieg auf in die Lüfte und kehrte erst spät am Abend zurück. Er erzählte den Häuptlingen, die auf ihn am Feuer gewartet hatten, daß er so hoch in die Lüfte geflogen war, wo es keine Lebewesen mehr gab. Er sei der Ohn-

141

macht nahe gewesen und habe nach einem Platz Ausschau gehalten, an dem er einen Moment ausruhen konnte, habe aber keinen gefunden. Aber er habe noch ein Stück höher am Himmelszelt einen Spalt gesehen, aus dem ein strahlendes Licht schien. Allerdings war er so erschöpft, daß er umdrehen und zur Erde zurückkehren mußte, denn wäre er nicht umgekehrt, so wäre er dort oben gestorben und hätte niemandem von dem Spalt erzählen können, der ihm wie eine Öffnung in eine andere Welt erschien.

Nun waren die Menschen der Unterwelt wieder voller Hoffnung und überlegten, wie sie diesen Spalt erreichen könnten. Sie bauten Leitern, aber keine erschien auch nur im Ansatz lang genug, um den Spalt zu erreichen. Selbst wenn sie den Adler bis zum Ende der Leiter trugen, schien der Weg bis zur Spaltöffnung doch noch endlos weit zu sein.

Sie überlegten und befragten Orakel, aber sie schienen keine rechte Antwort zu erhalten. Als die Häuptlinge wieder zusammensaßen und der Verzweiflung nahe waren, da meldete sich aus der dunklen Ecke des Zeltes plötzlich ein Junge in zerlumpter Kleidung, der an diesem Platz eigentlich gar nichts verloren hatte.

Mit abfälligen Blicken gaben die Weisesten ihm zu verstehen, daß sie ihn in seinen lumpigen Kleidern verachteten. Er aber sprach: »Ich weiß, daß ihr mich verachtet, und wenn mein Rat auch nicht mehr wert ist als meine zerfetzten Kleider, so bitte ich euch doch, ihn anzuhören. Ich möchte euch helfen, in eine andere Welt zu gelangen.«

»Nun gut«, fragten sie ihn etwas abfällig, »was schlägst du vor?«

»Es gibt ein Tier, das genauso wenig Beachtung findet wie ich«, begann der Junge. »Es hält sich in den Pinienwäldern auf und lebt von Nüssen. Es ist flink und gut beweglich und kennt sich mit den Bäumen gut aus. Ich spreche vom Eichhörnchen. Warum ruft ihr nicht ein Eichhörnchen und bittet es, einen Baum zu pflanzen, der höher in den Himmel wächst, als der Adler in der Lage ist zu fliegen? So hoch, daß der Wipfel über den Wolken steht.« Der Junge hielt einen Moment inne, schaute den Ältesten tief in die Augen und fuhr fort: »Wir könnten dann an den Ästen des Baumes emporsteigen und würden somit in die obere Welt gelangen.«

Die Häuptlinge reagierten nicht gerade mit Begeisterung auf den Rat des Jungen. Aber da sie schon alles probiert hatten, wollten sie auch diesen Versuch noch wagen. Was hatten sie schon zu verlieren?

So kam es, daß das Eichhörnchen gerufen wurde. Es pflanzte eine Pinie und sprach einen Zauber über die Pflanze. In Windeseile wuchs der Baum, aber er war nicht hoch genug, um den Spalt im Himmelsgewölbe zu erreichen. Das Eichhörnchen wiederholte den Zauberspruch, kletterte auf die Spitze des Baumes und versuchte, ihn noch ein Stück zu strecken, aber trotz aller Mühe gelang es ihm nicht.

Es wollte nicht aufgeben und pflanzte jetzt den Samen einer Zeder ein. Auch dieses Mal sprach das kleine Tier Zaubersprüche. Dieses Mal klang es in den Ohren der Häuptlinge viel eindringlicher und fordernder als beim ersten Gebet. Auch die Zeder wuchs gen Himmel und die Häuptlinge hatten niemals zuvor eine so große Zeder gesehen. Aber auch sie reichte nicht an den Spalt heran.

Jetzt waren einige der Häuptlinge wütend, andere ungeduldig, wieder andere schienen der Verzweiflung nahe zu sein.

Der Junge aber schien gelassen und sprach: »Warum seid ihr nur so ungeduldig. Das Eichhörnchen weiß, daß es ihm gelingen wird, euch in die andere Welt zu führen. Es ist nämlich schon wieder losgezogen, um eine weitere Pflanze zu holen.«

Gespannt warteten die Häuptlinge auf die Rückkehr des Eichhörnchens, und dieses Mal erschien es mit einem Bambussprößling und einer kleinen Nußschale, die mit klarem Quellwasser gefüllt war. Es goß das Wasser auf der Erde aus und steckte den Bambussprößling in den feuchten Boden. Es streute heiliges Maismehl darüber, murmelte zahlreiche Zaubersprüche und Gebete und mit Gewißheit sprach es zu den Häuptlingen, die es kritisch beobachteten: »Dieses Mal wird es klappen! Seid gewiß.«

Und wie das Eichhörnchen es versprochen hatte: Dieses Mal war der Baum so lang, daß er bis an den Spalt reichte. Das Eichhörnchen biß eine Wendeltreppe in den Bambus, und die Menschen folgten ihm in die obere Welt.

Bevor sie die alte Welt verließen, streute jeder von ihnen Blütenstaub vom Hibiskus und Maismehl in alle vier Himmelsrichtungen, damit der Tod ihnen nicht folgen konnte.

Die neue Welt gefiel ihnen sehr gut. Dort gab es Früchte, die sie in ihrer alten Welt nicht besessen hatten. Auch bunte Vögel, Bäume, Blüten und viel Sonnenschein erhellten hier ihren Tag. Aber abends wurde es dunkel und die Menschen fürchteten sich, denn sie besaßen noch kein Feuer, um sich zu wärmen oder um die Nacht zu erhellen.

Es kam der Tag, an dem ein Kind fehlte. Sie konnten es nirgends finden, suchten den ganzen Tag und warteten die dunkle Nacht ab, um die Suche am nächsten Tag fortzusetzen.

Als die folgende Nacht hereinbrach und das Kind immer noch nicht gefunden worden war, machten sich drei junge Männer auf, um auch in der Nacht zu suchen. Sie sahen in der Ferne ein winziges Licht, dem sie folgten. Als der Morgen hereinbrach, hatten sie weder das winzige Licht erreicht, noch hatten sie das verlorengegangene Kind wiedergefunden. Als sie wieder umkehren wollten, stießen sie jedoch auf Fußspuren, die riesig waren! Es mußten die Fußspuren eines Riesen sein. Von Angst erfüllt, kehrten sie um und erzählten ihrem Häuptling von ihrem Fund. Die Häuptlinge hatten mittlerweile ihre Meinung über den Jungen geändert und fragten ihn um Rat, was sie jetzt tun sollten. Dieser antwortete: »Egal, ob es ein Ungeheuer oder ein Riese ist, es ist das Beste, wenn wir Zauberbeutel herstellen und sie dem mächtigen Nachbarn zum Geschenk anbieten.«

So kam es, daß die Häuptlinge in einer besonderen Zeremonie die Zauberbeutel machten und die jungen Männer erneut losgingen, um sie dem Fremden zu bringen. Dieses Mal kamen sie dem Feuer näher und sahen, daß eine Gestalt dort saß, die den Kopf abgewandt hatte. Sie sahen nur einen Hinterkopf, und alleine dieser Anblick erweckte große Furcht bei ihnen. Der Kopf war riesig groß und glich einem Kürbis. Sie riefen nach dem Wesen, aber erhielten keine Antwort. Sie riefen ein zweites Mal und auch dieses Mal erhielten sie keine Antwort. Sie fragten, ob es eine andere Sprache sprechen würde und ihnen deshalb nicht antworten würde. Da sagte es mit tiefer Stimme, daß es erstaunt sei, sie hier zu sehen, denn bislang hätte sich noch keiner so nahe an das Feuer herangetraut.

Nachdem die Gestalt diese Worte gesprochen hatte, drehten sie sich um. Beim Anblick des Wesens bekamen die drei jungen Männer große Angst, denn sie erkannten, daß sein ganzes Gesicht mit Blut befleckt war. Sie faßten sich ein Herz und erzählten dem Wesen, daß sie ihm ein Geschenk von ihrem Häuptling bringen würden und daß sie gerne mit ihm in guter Nachbarschaft leben würden. Sie stellten ihm die Zauberbündel neben das Feuer, und es zeigte große Freude über das Geschenk der Menschen. Als Dank dafür gab es ihnen einen Holzscheit aus seinem Feuer und befahl den jungen Männern, schnell zu ihrem Dorf zurückzulaufen und nicht nur eines, sondern viele Feuer zu machen.

Die Späher bedankten sich und fragten den Riesen, der ihnen

jetzt sehr freundlich erschien, ob er das Kind gesehen hätte. »Es ist tot«, entgegnete er ihnen. »Es ist mir im Dunkeln abseits des Feuers begegnet. Als es mich erblickte, bekam es einen Schreck und fiel tot um.« Die Männer fragten ihn weiter, woher das Blut in seinem Gesicht käme. Er erzählte ihnen, daß es noch einen zweiten Riesen gegeben hatte, dem das Feuer gehörte. Er hatte den Feuerriesen gefragt, ob er ihm einen Scheit abgeben würde. Dieser hätte allerdings nur böse gelacht und geantwortet, daß es Riesen gibt, die im Licht und am Feuer leben und andere, die wohl dazu verdammt wären, im Dunkeln zu leben. Das hätte ihn so wütend gemacht, daß er einen Stein genommen hätte und den Feuerriesen damit erschlagen hätte. Blut sei aus der Wunde an seinem Kopf geflossen, und beim Schein der Fackel habe er sein Gesicht in der Blutlache gespiegelt. Seit diesem Moment an wäre sein Gesicht blutüberströmt gewesen, und jeden Morgen tropfe neues Blut aus seiner Nase.

Die Späher bedankten sich abermals für den Holzscheit und eilten schnell zu ihrem Stamm zurück. Sie berichteten ihren Häuptlingen bei einem Festessen, welches extra für ihre Rückkehr bereitet worden war, was sie erlebt hatten, und was das Wesen ihnen erzählt hatte. Alle freuten sich über das Feuer, das sie von nun ab wärmen würde und ihnen die Möglichkeit geben würde, wieder Fleisch zu braten und warme Suppen zuzubereiten. Aber sie wußten jetzt auch, daß es auch in dieser Welt den Tod gab.

Alle Menschen hatten den mühsamen Weg von ihrer alten Welt in die neue miterlebt, und bei der Gewißheit, daß sie auch hier nicht vom Tod verschont bleiben würden, waren einige schon wieder bereit, nach einer neuen Welt zu suchen.

So kam es, daß erneut eine Konferenz der Häuptlinge einberufen wurde. Während sie in einem Zelt saßen und eine heilige Pfeife rauchten, beratschlagten sie über das Schicksal der Menschen. Dieses Mal saß auch der Junge in den zerschlissenen Kleidern in ihrer Runde, und wieder fragten die Häuptlinge ihn nach einem Rat: »Es gibt nur zwei Möglichkeiten«, sagte er, »entweder wir wandern rastlos von einer Welt in die nächste, oder aber wir akzeptieren, daß der Tod zum Leben gehört und bemühen uns mit diesem Wissen, unsere Zeit sinnvoll zu nutzen.« Die Häuptlinge befolgten seinen Rat, und von dem Tag an lebte der Stamm mit einem anderen Bewußtsein glücklich und zufrieden bis an das Ende seiner Tage.

Wenn sie am Tage des Todes . . .
(Persien)

Wenn sie am Tage des Todes
tief in die Erde mich senken,
Daß mein Herz dann noch auf Erden weile,
darfst du nicht denken!
Siehst meine Bahre du ziehen,
laß das Wort »Trennung« nicht hören,
Weil mir dann ewig ersehntes
Treffen und Finden gehören!
Klage nicht »Abschied, ach Abschied!«
wenn man ins Grab mich geleitet:
Ist mir doch selige Ankunft
hinter dem Vorhang bereitet![43]

Auch der arabische Dichter Khalil Gibran weiß um die Bedeutung einer bewußten Auseinandersetzung mit dem Tod:

Der Prophet
(Libanon)

Dann sprach Almitra: »Wir möchten dich nun über den Tod befragen.«

Und er antwortete also:

»Ihr möchtet wissen um das Geheimnis des Todes.

Doch wie solltet ihr es entdecken, so ihr nicht danach forschet im Herzen des Lebens?

Die Eule, deren auf die Nacht beschränkte Augen am Tage erblinden, vermag nicht, das heilige Geheimnis des Lichtes zu entschleiern. So ihr wahrhaftig den Geist des Todes erschauen wollet, öffnet weit euer Herz dem Leibe des Lebens.

Denn Leben und Tod sind eins, so wie Fluß und Meer eins sind.

In der Tiefe eures Hoffens und Wollens liegt euer stillschweigendes Wissen um das Jenseits;

Und dem Samen gleich, der unter dem Schnee träumt, so träumt euer Herz von dem Lenze.

Trauet eueren Träumen, denn das Tor der Ewigkeit ist darin verborgen.

Eure Furcht vor dem Tode ist nur das Zittern des Hirten, so er stehet vor dem König, dessen Hand sich als Zeichen des Wohlwollens auf ihn legt.

Ist der Hirt unter seinem Zittern nicht der Freude voll, daß er das Zeichen des Königs tragen darf?

Und dennoch, ist er sich nicht weit mehr seines Zitterns bewußt?

Denn was bedeutet Sterben anderes, als nackt im Winde stehn und in der Sonne zerfließen?

Und was bedeutet das Stocken des Atems anders als dessen

Befreiung aus den rastlosen Fluten, auf daß er sich erhebe und entfalte und Gott suche, unbeschwert?

Und erst so ihr trinket aus dem Flusse des Schweigens, werdet ihr wahrhaft singen.

Und erst so ihr den Gipfel des Berges erklommen, werdet ihr anfangen zu steigen.

Und erst, so die Erde ihren Anspruch erhoben auf eure Gliedmaßen, werdet ihr wahrhaft tanzen.«[44]

Der willkommene Tod
(Persien)

Der Tod ist die große Prüfung, zu der der eine vorbereitet, der andere unvorbereitet geht. Manche Menschen begegnen ihm im Gottvertrauen, andere mit Furcht. Manche stöhnen unter der anscheinenden untragbaren Last des Lebens und sehnen sich konstant nach dem Tod, ohne sich darüber bewußt zu sein, was sie da eigentlich heraufbeschwören.

Es lebte einst ein alter Mann. Eigentlich ging es ihm ganz gut. Von außen betrachtet zumindest. Aber er jammerte immer: »Das Leben ist ungerecht. Meine Familie liebt mich nicht, und mein Leben ist so schwer. Das einzige, was ich habe, ist jeden Tag Mühe und Arbeit. Wie schön wäre es doch, wenn ich endlich tot wäre! Dann hätte ich meinen Frieden!« Jeden Tag jammerte der Alte vor sich hin, mal laut und mal murmelte er es in sich hinein. Eines Tages, die Blumen blühten und die Sonne schien warm, da erschien der Todesengel und sprach zu ihm: »Alter Mann, ich grüße dich. Du hast so oft nach mir gerufen. Jetzt bin ich gekommen, um dich mitzunehmen.« Doch der Alte rief aus: »Noch nicht! Ich bin zwar ein alter Mann, aber so habe ich es nun gar nicht gemeint. Bitte gewähre mir noch einige Tage mehr zu leben!« Doch der Todesengel entgegnete: »Nein, du hast so oft gebetet, sterben zu dürfen. Jetzt mußt du mit mir zu Gott kommen.« Der Alte bat und zeterte noch eine Weile, aber der Engel nahm ihn und trug ihn davon.

Der besondere Tod

Wenn du dich auf die Reise begibst,
sind Berge nicht länger Berge
und Flüsse keine Flüsse mehr.
Wenn du die Reise zu Ende gemacht hast,
sind Berge wieder Berge
und Flüsse wieder Flüsse.[45]

In den letzten Jahren ist das Interesse am Schamanentum neu erwacht. Der Schamanismus hat seine Wurzeln in Ost- und Zentralsibirien und das Wort »Schamane« stammt aus der tungusischen Sprache und heißt soviel wie »Zauberer«. Heute wird man jedoch vergeblich einen »echten« Schamanen in Sibirien suchen, denn unter Stalin wurden sie verfolgt und getötet. Es erging ihnen ähnlich wie den europäischen Hexen im Mittelalter.

In der Ethnomedizin hingegen versteht man unter Schamanen eher traditionelle Heiler, die in der Lage sind, nach Belieben in einen veränderten Bewußtseinszustand einzutreten, um dann in andere Wirklichkeiten und das Jenseits reisen zu können.

Obwohl sich heutzutage viele Menschen für »Schamanen« halten, muß ein »echter« Schamane meist sehr viel durchstehen, bevor er als Heiler arbeiten kann. Schwere Krankheiten, Isolation und Qualen gehen dem Amt als Heiler voraus. Nachdem der Schamane von einem Meister oder von Geistern initiiert wird, widmet er sein

Dasein der Heilkunst. Hilfs- und Schutzgeister, die eigentlich Ahnengeister sind, unterstützen ihn auf seinen Jenseitsreisen oder dem Versuch, verlorengegangene Seelen zurückzuholen, Krankheiten zu heilen oder auf andere Art und Weise Gutes für sein Volk zu tun.

Die Berufung zum Schamanen kann auf die unterschiedlichste Art und Weise passieren. Entweder erfolgt sie durch den Stamm, die Familie oder durch einen anderen Schamanen. Es kann aber auch sein, daß der zukünftige Schamane selbst spürt, daß er zu einem Heiler berufen wird. Da Schamanen ein anstrengendes und oftmals einsames Leben erwartet, übersehen sie gerne die »inneren« Anzeichen und wehren sich gegen ihre Berufung. Dann kann es passieren, daß der Auserwählte krank wird und seine physischen und psychischen Grenzen erreicht, bis er sich schließlich fügt. Der Widerstand kann dramatische Folgen haben, denn den Ruf der Geister, Schamane zu werden, darf der zukünftige Heiler nicht ungestraft ablehnen. So heißt es z. B. von dem Jakuten Michail Bolugur, der kein Schamane werden wollte: »Ihm fehlten fünf Knochen, weshalb fünf Verwandte hätten sterben müssen, damit er seine Berufung hätte annehmen können. Obwohl der Tod von Verwandten häufig zu den Vorbedingungen zählt, wollte der Jakute eine solche Menge menschlicher Opfer nicht zulassen und weigerte sich standhaft, der Berufung Folge zu leisten. Dafür trafen ihn später schwere Strafen: Er erblindete, und wegen seiner weiterhin nicht achtenden Haltung gegenüber dem Geist der Vorfahren wurden ihm Hände und Füße verstümmelt.«[46]

Hat der Schamane sein Amt angenommen, ist er in der Lage, zwischen dem Diesseits und dem Jenseits zu reisen. Und genau diese Fähigkeit bringt ihm seinen Sonderstatus und gleichzeitig viel Bewunderung ein.

»Der Schamane als Auserwählter, der es schon zu Lebzeiten

fertigbringt, die Grenze zur Transzendenz zu durchbrechen, bewegt sich als Botschafter zwischen zwei Welten, der Welt der lebenden Menschen und der Welt der Toten oder nicht-materiellen Existenzen. Er schwingt sich auf dem Zeroen, der die überirdischen Gefahrer meistert, und wird zum Helfer, den die Volksüberlieferung feiert und der in Mythen und Epen Verewigung findet. In der Tat überschreitet der Schamane die profane Daseinsordnung, er tritt heraus aus der Banalität in eine ätherische, feinstoffliche Sphäre, die dem normalen Menschen entweder nur im Tod selbst oder durch zufällige Krankheit, Unfall, Traum, Schock oder starke Emotion zugänglich ist. Das bewußte und kontrollierte Eindringen in diesen verschlossenen Bereich gehört zu den gewaltigsten Leistungen des Menschen, und nicht umsonst genießt der Schamane dafür weltweit Anerkennung und Verehrung.«[47]

Oftmals ziehen Menschen, die aus einer Schamanenfamilie stammen, sich schon in frühen Jahren zurück, um Kontakt mit ihren spirituellen Kräften aufzunehmen.

Visionssuche einer Ojibwa-Medizinfrau
(Nordamerika)

Als Catherine etwa dreizehn Jahre alt war, schickte ihre Mutter sie auf Visionssuche, sie sollte spirituelle Kräfte erlangen. Catherine zog sich für mehrere Tage in einen kleinen Unterschlupf aus Fichtenzweigen zurück und erlebte folgendes:

>In der Nacht des sechsten Tages glaubte ich eine Stimme zu hören, die mich rief und sagte: ›Armes Kind! Deine Lage tut mir leid, komm, folge mir auf dem Wege, den ich dir weise!‹ Ich glaubte, die Stimme käme aus einer gewissen Entfernung vor

meiner Hütte, sie leitete geradeaus und, so schien es mir, nach oben. Nachdem ich ihr ein kleines Stück nachgegangen war, stand ich still und sah zu meiner Rechten den Neumond, der von einer Flamme gekrönt war, wie von einer Kerze, die rundumher ein sehr helles Licht ergoß. Zur Linken aber erschien mir die Sonne, nahe dem Ort ihres Untergangs. Ich ging weiter und sah zu meiner Rechten das Antlitz Kanggegabesqua oder der unsterblichen Frau, welche mir ihren Namen nannte und mir sagte: ›Ich verleihe dir meinen Namen und du magst ihn weiter verleihen! Ich verleihe dir auch alles, was ich habe, unsterbliches Leben! Ich verleihe dir auch langes Leben auf Erden und die Gabe, das Leben anderer zu erhalten! Geh, man ruft dich nach oben!‹ Ich ging weiter und sah einen Mann mit einem großen, runden Körper, und Strahlen gingen von seinem Haupte aus wie Hörner. Er sagte: ›Fürchte dich nicht, mein Name ist Monedo Wininneß, der kleine Menschengeist. Ich verleihe diesen Namen deinem ersten Sohn. Er ist mein Leben. Gehe zu dem Ort, dahin du gerufen wirst.‹ Ich verfolgte den Weg weiter, bis ich sah, daß er zu den Wolken führte und stillstand und sah die Gestalt eines Mannes am Wege stehen, dessen Haupt mit einem hellen Schein umgeben war und dessen Brust bedeckt war mit Onedonten. Er sagte zu mir: ›Sieh mich an! Mein Name ist O Sha wan e geeghick, der lichtblaue Äther! Ich bin der Schleier, der den Zugang zum Himmelsraum verdeckt. Steh und horche auf mich! Sei nicht erschrocken! Ich will dich ausstatten mit den Gaben des Lebens und dich mit Kraft ausrüsten, daß du zu widerstehen und auszuhalten vermagst.‹ Alsbald sah ich mich von zahllosen glänzenden Strahlen umgeben, die auf mich einzudringen schienen, wie Nadeln, ohne mir jedoch Schmerzen zu verursachen, und die dann zu meinen Füßen niederfielen. Dies wiederholte sich mehrmals und jedesmal fielen sie zu Boden. Er sprach: ›Warte ab und fürchte dich nicht, bis ich alles gesagt und getan habe, was ich vorhabe!‹ Dann fühlte ich verschiedene Instrumente, zuerst gleich scharfen Messern, dann gleich Nadeln in mein Fleisch dringen, aber keines verursachte mir Schmerz, sondern alle sanken wie die Nadeln zu meinen Füßen nieder. Dann sprach er: ›Es ist gut!‹ Er meinte die Probe mit den Nadeln; und fuhr fort: ›Du wirst viele Tage sehen! Schreite etwas weiter vorwärts!‹ Ich tat es und stand an der Schwelle des Eingangs. ›Du bist angelangt‹, sagte er, ›du kannst die Schwelle nicht überschreiten. Schaue um dich! Dort ist ein Begleiter für dich! Fürchte dich nicht, seine Schulter zu besteigen, und wenn du wieder in deine Behausung gelangst, darfst du wieder zu dir nehmen, was den menschlichen Leib erhält.‹ Ich wandte mich um und sah eine Art von Fisch in der Luft schwimmen, stieg darauf, wie mir geheißen war, und wurde mit solcher Schnelligkeit zurückgetragen, daß meine Haare durch die Luft flatterten. Sobald ich in meiner Hütte angelangte, wich das Gesicht.

Am sechsten Morgen meiner Fastenzeit kam meine Mutter und brachte mir ein Stück geräucherte Forelle. Aber meine Empfindlichkeit für Geräusche war so stark und mein Geruchsvermögen so reizbar, daß ich sie lange, lange bevor sie kam, hörte, und als sie eintrat, nicht nur den Geruch des Fisches, sondern auch ihren eigenen kaum ertragen konnte . . .

Denn meine Enthaltsamkeit hatte meine Sinne so verfeinert, daß alle animalische Nahrung für mich einen ekelhaften und unangenehmen Geruch hatte. Sieben Tage nach meiner Fastenzeit sah ich, als ich im Wigwam lag, plötzlich einen runden, dunklen Gegenstand vom Himmel herabkommen, ähnlich einem runden Steine. Als er in meine Nähe kam, sah ich, daß er kleine Hände und Füße hatte, wie ein menschlicher Leib. Er sprach zu mir: ›Ich gebe dir die Gabe, in die Zukunft zu schauen; du mußt sie gebrauchen für dich selbst und die Indianer, deine Verwandten und Stammesgenossen!‹ Dann verschwand er, und als er fortflog, erhielt er Flügel und sah einem rotköpfigen Waldspecht ähnlich.«[48]

Kurze Zeit später schon war Catharine Ogee eine bekannte Medizinfrau, die Indianer heilte und ihnen auch die Zukunft vorhersagte.

Diese Prüfungen und imaginären Reisen, so wie Catharine Ogee sie erlebt hat, kommen häufig vor. Sie haben den Sinn, daß der Schamane sein Alltagsego mit seinem normalen Bewußtsein sterben läßt. Er soll sich für eine neue Bewußtseinsebene öffnen und sich von alten Haltungen und Ansichten lösen. Der Initiant soll die rationale, mechanistische Weltsicht abstreifen und sich für die universale, kosmische Wahrnehmung und die spirituelle Verbundenheit aller Existenzen öffnen.

Die Initiation hat bei den meisten Naturvölkern einen hohen Stellenwert. Dazu gehören die Initiation eines Schamanen, das Initiationsritual, das Jungen und Mädchen mit zwölf Jahren vollziehen und weitere wichtige Veränderungen im Leben, die durch Initiationen eingeleitet werden. Die Rituale machen es den Menschen nicht nur leichter, sich von einem alten Lebensabschnitt, wie z. B. der Kindheit, zu verabschieden und in die Verantwortung des Erwachsenen zu gehen. Die Initiation veranschaulicht auch wieder den Zyklus des permanenten Lebens und Sterbens, des Vergehens und Wiederkehrens. Durch den intensiven Kontakt mit der Natur, den sie während einer solchen Initiation erleben, werden sie sich auch ihrer Verbindung mit dem Universum bewußt.

Ein Initiationsritual von indianischen Frauen wird folgendermaßen beschrieben: »Während dieser Zeit reinigt die Natur die Frau und befreit sie von aller Ansteckung, von Giften, von negativer Energie. Zugleich jedoch erfüllen die kosmischen Kräfte des Universums sie mit Kraft . . . Sie muß ihre eigene Mitte finden, um ihre Stärke zu pflegen . . . Die traditionelle indianische Frau betrachtet diese Zeit als eine mystische Erfahrung der Erleuchtung . . . Die Menstruation ist ein natürlicher Zyklus, und natürliche Zyklen fordern, daß man sie feierlich begeht – geistig, körperlich und spirituell. Menschen müssen es lernen, im Gleichgewicht mit den Kräften, Zyklen und Rhythmen der Natur zu leben. Rituale dienen dazu, uns mit der Erde zu verbinden, sie halten uns in Berührung mit den natürlichen Rhythmen. Wenn wir diese Verbindung verlieren, werden wir krank, sind ohne Gleichgewicht.«[49]

Während die Initiationsriten bei Naturvölkern noch einen großen Stellenwert haben, gibt es bei uns eigentlich nur noch wenige: Taufe, Kommunikation und Konfirmation sind die bekanntesten. Aber die Sehnsucht nach Ritualen, die einen Lebenszyklus bewußt beginnen oder schließen, wird auch in den Industrieländern immer größer.

Die Initiation des Zauberers
(Afrika)

Initiationsriten, die einen Schamanen in den Lebensabschnitt des Heilers einführen, gibt es bei allen Völkern. Die Rituale unterscheiden sich jedoch zum Teil gewaltig. Bei den afrikanischen Pygmäen muß sich der angehende Schamane besonders makabren Prüfungen unterziehen.

»Die zu initiierende Person wird an einen Leichnam im Zustand der Verwesung gebunden: Brust an Brust, Kopf an Kopf, Mund auf Mund. Die zwei Leiber werden dann in einen Graben gelassen, der mit Blättern bedeckt wird. Der Neophyt muß drei Tage lang in dieser Position ausharren. Es kommt vor, daß einer verrückt wird, bevor diese Frist abgelaufen ist. Doch folgt noch eine zweite Periode von drei Tagen, in der der Verwesungsprozeß des Leichnams, an den der Neophyt angebunden ist, rapide fortschreitet. Der Novize darf nun essen und trinken, muß dazu aber die Hand des verwesenden Leichnams benutzen. Hat er das hinter sich gebracht, trennt der Neophyt schließlich die Hand des Leichnams mit dem Initiationsmesser ab. Mit dieser Hand muß er dann tanzen. Später, wenn sie durch und durch getrocknet ist, wird er sie für magische Zwecke benutzen.«[50]

Anscheinend muß der Schamane der Pygmäen eine solch schwere Prüfung überstehen, um den Anforderungen, die hinterher an ihn gestellt werden, gewachsen zu sein. Der Schamane ist derjenige, der die Verstorbenen des Stammes in das Jenseits geleitet, da nur er den Weg durch die kosmischen Schichten kennt und unversehrt von den Reisen zurückkehren kann . . .

Schamanen reisen auch durch Raum und Zeit, um verlorengegangene Seelen wieder in den Körper einer kranken Person zurückzubringen.

Ich bin wieder da, wieder da, wieder da!
Ich bin auf dem Schlitten einer Sternschnuppe
vom Himmel heruntergefahren.
Ich bin auf dem Meer geschwommen wie ein
schwimmender Pelz.
Ich bin aus dem Inneren der Erde hervorgedrungen
wie das Horn eines Teufelshirsches (Mammut),
wenn er sich in den Steilwänden am Flußufer
einen Gang gräbt.[51]

Viele Schamanen stehen auch noch nach ihrem Tod im Dienst ihrer Sippe, wie folgende sibirische Geschichte erzählt:

Der tote Schamane
(Sibirien)

Irgendwann in alten Zeiten lebte im Kurbusachschen Gemeindebezirk des Borogonschen Ulusses ein Schamane namens Basyllai. Er hatte zwei Brüder, von denen der eine Nirgierdech und der andere Dshendete hieß. Diese Brüder des Schamanen hatten ihren Wohnplatz direkt an der Grenze zu dem Bachsytschen Gemeindebezirk des Mengischen Ulusses. Ihre Heuschläge befanden sich rings um den im Borogonschen Uluss bekannten See Debilitte, zur Sommerzeit mausert auf diesem See eine Fülle von Zugvögeln. Der Schamane Basyllai aber hatte schließlich sein Leben beendet und starb.

Einmal nun im Frühherbst, als alle Seen schon zugefroren waren, kam der Fürst Dellengei des Bachsytschen Bezirks mit zwanzig Leuten zum See Debilitte gereist, ließ sie das ganze um den See wachsende Schilf abmähen und war dabei, es auf vierzig Fuhren abtransportieren zu lassen.

Zu dieser Zeit lag einer der beiden Brüder, Dshendete, im Sterben. Irgendeine alte Frau aber hatte gesehen, wie der Fürst von Bachsyt mit seinen Leuten sich daranmachte, das Schilf abzumähen, und sie lief hinzu, dieses dem Nirgierdech, dem anderen der beiden Brüder, denen der See gehörte, in folgenden Worten mitzuteilen: »Nun, mein Täubchen, der Fürst von Bachsyt räumt das ganze Schilf vom Debilitte-See weg und wahrscheinlich nimmt er es auch unwiederbringlich mit!«

Nirgierdech stand gerade mit dem Brecheisen in den Händen bei

159

einem Eisloch. Auf die Worte der Alten eilte er mit dem Brecheisen
zu dem See. Tatsächlich, die Leute arbeiteten eifrig, und zwanzig
Fuhren waren schon mit dem gemähten Schilf beladen. Dellengei
selbst, der Fürst, ging in seinem Wolfspelz und der Mütze von
Luchsfell, die Hände auf den Rücken gelegt, auf und ab und gab
seinen Leuten Anweisungen. Nirgierdech ging gerade und heftig auf
ihn zu. Dellengei hielt seinen Bärenspieß in Händen.

Als der den heraneilenden Mann erblickte, dachte er beileibe
nicht daran, etwa zu fliehen, sondern er ging ihm entgegen. Nirgier-
dech, der fest auf ihn zutrat, sagte: »Ich komme hierher wie ein Wolf,
der zu seiner Lagerstatt eilt, und dich werde ich hier, der du dich
unrechtmäßig in den Besitz meines Eigentums setzen willst, wie eine
Wolfsbeute auf den Boden legen!«

Mit diesen Worten richtete er die Spitze seines Brecheisens auf
die schwarze Leber des Dellengei und stieß zu. Aber Dellengei war
auf der Hut und zerschlug dem Angreifer mit einem Schlag seines
Spießes den Schaft des Brecheisens. Da eilten aber auch schon die
Arbeiter des Fürsten herbei und fielen über Nirgierdech her. Sie
warfen ihn auf die Erde, schlugen und traten nach Kräften auf ihm
herum und banden ihn dann mit Lederriemen an die Schlitten.

Aber bald befahl Dellengei seinen Leuten: »Für ihn, ihr Hunde,
sei es genug, daß ihr ihm diese gute Lehre gegeben habt. Bindet ihn
los, und setzt eure Arbeit fort!« Man band ihn los. Jener Armselige,
den man vollkommen zerschlagen hatte, der über und über mit
Wunden, blauen Flecken und Blutergüssen bedeckt war, kroch auf
allen vieren zum Westufer des Sees. Dort erhob er sich auf eine hohe
Landzunge, wo auf einem Gerüst in einem Brettersarg die Knochen
des verstorbenen Schamanen Basyllai lagen. Er kletterte auf das
Gerüst hinauf und legte sich quer darüber. Den Holzschaft des
Brecheisens hatte er mitgenommen. Mit diesem Schaft klopfte er an

den Sarg und wandte sich mit folgenden Worten an den Geist des verstorbenen Schamanen: »Oh, mein älterer Bruder! Hast du Ohren, um zu hören, hast du Augen, um zu sehen? Daher, daß du tot daliegst, ist mir hier dieses Unglück zugestoßen! Ich bin zu dir gekommen, weil mein dickes Blut vergossen worden ist, mein ganzer Körper zerschnitten worden ist. Sieh her, was man aus mir gemacht hat! In diesen Zustand hat mich der Bachsyt-Fürst Dellengei gebracht. Er wollte uns den großen Debilitte zu seinem eigenen Nutzen wegnehmen und kam hierher mit zwanzig Leuten und vierzig Fuhren und hat mit Gewalt das ganze Schilf des Sees abgemäht. Schütze uns, hilf uns!«

Mit solchen Reden klopfte er an das Grabgerüst. Kaum hatte er diese Worte zu Ende gesprochen, als sich direkt vom Erdboden unter dem Grabgerüst ein Wirbelsturm in die Höhe wand. Der Staub wurde herumgewirbelt, und sofort bildete sich eine Windhose von der Höhe eines hohen jakutischen Zeltes. Unter donnerartigem Getöse und mit schrecklicher Kraft eilte der Wirbelsturm dem See zu. Zuerst drehte er sich um den Fürsten Dellengei selbst. Als letzterer den herannahenden Sturm erblickte, erhob er seinen Spieß und stieß mit ihm um sich, als wenn er in einem Kampfe begriffen wäre. Aber der Wirbelsturm warf ihn kopfüber auf die Erde. Dann fegte er um das auf die Fuhren geladene Schiff und um die Menschen. Es wurde plötzlich finster, und alle befanden sich in einer undurchsichtigen und sich drehenden Wolke. Man erzählt, daß dieser Sturm ganze Fuhren mit Schilf über den Wald hinweg auf die benachbarten Hochflächen geworfen hätte. Die Kappe des Fürsten selbst fand man später in der Entfernung von zwanzig Kilometern von dem Orte entfernt.

Nachdem das Schilf und die Menschen durcheinandergeworfen waren, hörte der Sturm auf. Dellengei hatte nicht die Kräfte, sich

161

auf den Beinen zu halten. Man fuhr ihn auf einem Schlitten nach Hause. An diesem Tag fiel der Fürst in geistige Umnachtung, in der er neun Jahre lebte, und an dieser Krankheit starb er auch. Bis heute noch gilt der Geist dieses geistesgestörten Fürsten bei den Jakuten als furchtbarer »Uör«. Der See Debilitte blieb im Besitz des Kurbusachschen Bezirkes, während die Bewohner von Bachyt niemals mehr auch nur einen Fuß dorthin setzten. So also erzählt man, hat der Schamane Basyllai nach seinem Tod seinen Leuten in ihrer Not geholfen.[52]

Der Weg ins Jenseits

Nach dem Tod muß die Seele des Verstorbenen sich auf den Weg ins Jenseits machen. Aber wo liegt dieses Jenseits? Die meisten Völker haben eine recht genaue Vorstellung davon – und sie glauben auch zu wissen, wie der Weg dorthin beschaffen ist. Meistens ist der Weg mühsam und lang.

Ein langer, beschwerlicher Weg

Die Jenseitsreise der Huichol-Indianer
(Mexiko)

Für die Huichol-Indianer ist die Reise der Seelen in die geistige Welt kompliziert: »Zu Anfang führt der Weg geradeaus, aber an einer Stelle, dem ›Ort des schwarzen Felsens‹ spaltet sich der Weg in zwei Richtungen. Derjenige, der ein reines Herz hat, schlägt den rechten Weg ein, diejenigen aber, die zu Lebzeiten Inzest begangen haben oder mit Spaniern sexuell verkehrten, waren gezwungen, den linken Weg zu gehen. Sie sind dort einer Vielzahl von Martern ausgesetzt, werden auf einen großen Dorn aufgespießt, von reinigendem Feuer versengt. Danach ist es ihnen erlaubt, zu der Weggabelung zurückzukehren, um auf dem rechten Weg weiterzuwandern, der zu ihren

Ahnen führt. Es wird ein großes Festmahl gefeiert mit Feigen, Maisbier und Peyote und die toten Seelen tanzen zusammen um das Feuer.«

Die Jenseitsreise der Cuna-Indianer
(Südamerika)

Wenn ein Cuna-Indianer im Sterben liegt, dann kommen viele Menschen des Stammes zu ihm, um ihm Botschaften für verstorbene Verwandte oder Freunde mitzugeben, die er nach seinem Tod treffen wird.

Die folgende Beschreibung stammt aus einem Begleitbuch zu einer Ausstellung im Frankfurter Völkerkundemuseum:

»Im folgenden gebe ich eine Beschreibung der Reise, die die Totenseele nach ihrem Verlassen des Diesseits antritt. Sie wurde von einem Nele – einem der verschiedenen Arten von Medizinmännern – diktiert und durch einige Bilder ergänzt . . .

Die Totenseele beginnt, von den vier Masartule begleitet, eine Reise durch den Kosmos, die zunächst durch mehrere Schichten der Unterwelt und dann durch die Schichten der Oberwelt führt . . . Während der Körper des Toten im Grab bleibt, beginnt seine Seele (Purpa) die Reise. Zuerst fährt sie mit den vier Schutzgeistern (Masartule) in einem Kanu. An einem bestimmten Punkt muß der Tote seine Reise unterbrechen und selber ein Kanu für die Weiterreise finden. Hier erscheinen schon Unterschiede, die von den Tugenden und der sozialen Stellung des Toten zu Lebzeiten abhängig sind: Für die verschiedenen Arten von Medizinmännern gibt es verschiedene Kanus, so auch für die schlechten Menschen usw.

Der Fluß, auf dem sie fahren, liegt in der Unterwelt und wird ›Die

Mutter der Flüsse‹ genannt, da alle Flüsse der Welt aus ihm entspringen. Die ›guten‹ Menschen fahren schnell vorwärts und kommen in einem Wald an, wo es Bäume, Sand, Steine und Früchte aus reinem Gold gibt. Dann fahren sie an mehreren Dörfern vorbei, in denen verschiedene mythische Wesen sowie die Herren der Tauben, der Pekariarten und anderer Tiere wohnen. All dies erklären die vier Masartule (vier Wesen) der Totenseele. Auf seinem Weg trifft der Tote oft Gabelungen, die mit Pfaden aus Gold und Silber in Verbindung gebracht werden. Der Tote, der zu Lebzeiten einen guten Charakter hatte, wird durch einen dornigen Pfad geschickt, der sich bald in einen mit Gold gepflasterten Weg verwandelt. Die Totenseele und ihre vier Begleiter kommen dann zu einem großen See. Hier wird das Seil von Nutzen, das dem Toten ins Grab gelegt wurde. Die Masartule werfen es von einem Ufer zum gegenüberliegenden, und das Seil verwandelt sich in eine Brücke. Für den guten Toten ist damit das Hindernis überwunden, der schlechte jedoch fällt ins Wasser und wird von Wassertieren gefressen.

Vor einem zweiten See spielt sich ähnliches ab: Ins Wasser fallen hier die Totenseelen derer, die zu Lebzeiten ihre Ehefrau und Kinder entweder geschlagen oder schlecht behandelt haben.

Bis hierher ist es die Jenseitsszenerie der Unterwelt. Von nun an beginnt der Tote seinen Aufstieg in die Oberwelt: Er wird auf den höchsten Punkt geschleudert, der die Erde vom Himmel trennt.

Die großen goldenen Adler wurden von Gott an diese Stelle plaziert, um diejenigen, die zu Lebzeiten durch schlechtes Verhalten aufgefallen waren, zu strafen und zu vernichten. Eine weitere Probe für die Totenseelen stellen die Scherer dar. Diejenigen, die zu Lebzeiten sexuelle Beziehungen mit unverheirateten Frauen unterhielten, werden von ihnen zerstückelt.

Die Totenseele und ihre vier Schutzgeister kommen in weitere

Dörfer. In einem sehen sie einen Baum, der ein Dutzend verschiedener Früchte trägt: Pflückt man eine Frucht, wächst gleich eine neue nach und reift über Nacht.

Der Tote kommt zu einer Mauer, die sich auf ein bestimmtes Wort hin öffnet. In diesem Augenblick erscheinen Jaguare, die die Schlechten auffressen. Weiter als bis hierher können die Masartule nicht vordringen. Die Totenseele wird aber jetzt von einem anderen Schutzgeist begleitet.

Auf einem Weg trifft die Totenseele ihre verstorbenen Verwandten, die sie begrüßen. Ab hier muß sie die Reise allein fortsetzen. Die Totenseele steigt in ein Boot, am Ufer des Flusses sind schöne Gebäude zu sehen. Nach einer langen Reise kommt sie zu einem Haus, in dem ihr Charakter geprüft wird. Ein weibliches mythisches Wesen verschließt sie in einen goldenen Kasten und setzt sich darauf. Wenn sie aufsteht, öffnet sich der Deckel, und die Totenseele steigt aus: Jetzt ist sie mit Kleidern aus Gold geschmückt, sogar ihr Körper ist aus reinem Gold. Sie wird zu einem schönen Gebäude geschickt, in dem sich viele Leute befinden. Sie zeigen ihr einen großen Spiegel. Die Totenseele versteht jetzt, wie der menschliche Körper gebaut ist. Sie setzt ihre Reise fort, die Bäume sind aus Gold, und die Flüsse bestehen aus Fruchtsäften. Der Schutzgeist nimmt einen Kasten, worin sich männliche Samen und weibliche Eier befinden. Wenn man sie berührt, werden sie zu Kindern. Der Verstorbene darf im Himmel bleiben, er gelangt jedoch nicht zu Gott.[53]

Die Jenseitsreise der Zentral-Afrikaner

In Zentralafrika ist man der Ansicht, daß die Seelen der Verstorbenen vom Dorf der Lebenden in das Dorf der Ahnen wandern, um dort weiter zu existieren. Dieses Dorf der Verstorbenen unterscheidet sich nicht wesentlich vom Dorf der Lebenden: Der Häuptling wird wieder Häuptling sein, der Schamane bleibt auch bei den Ahnen Schamane. Wer arm war, wird auch im Dorf der Ahnen arm sein. Niemand kann eine konkrete Antwort darauf geben, wo das Land der Ahnen liegt. Fragt man einen Menschen in Zentralafrika, so zeigt dieser nach Westen. Dort, wo die Sonne untergeht, liegt nach ihrer Ansicht auch das Land der Ahnen, aber keiner weiß genau wo [54]

Die Jenseitsreise der Dayak
(Indonesien)

Auch die Dayak, ein Volk, das auf der Insel Kaimantan in Indonesien lebt, müssen erst einen langen Weg hinter sich bringen, bevor sie ins Reich der Toten kommen. Auf ihrem Weg kommen sie durch die verschiedensten Gegenden und müssen zahlreiche Prüfungen bestehen. Sie reisen durch das »Land der Diebe«: Das ist eine trostlose Gegend, in der die Häuser keine Dächer haben und die Seelen der Diebe jedem Unwetter schutzlos ausgesetzt sind, da sie keinen Unterschlupf finden. Das »Reich der Selbstmörder«, das sie auf ihrem Weg passieren, ist nicht viel schöner als das der Diebe. Die Seelen der Selbstmörder müssen in einem Ort bleiben, der vollständig von giftigen Pflanzen umwachsen ist. Die Ausdünstungen der Pflanzen sind stechend und quälen die Seelen tagein, tagaus. Die Seelen der Verstorbenen sind auch froh, wenn sie das »Land der Ertrunkenen« hinter sich gelassen haben, denn hier stehen die Ertrunkenen für alle Ewigkeit bis zum Bauch im Wasser.

Das Totenreich selbst entschädigt die Seelen für ihre lange Reise, denn hier ist es wie auf der Erde, nur viel schöner. Der einzige Unterschied ist, daß hier alles verkehrt herum existiert. Heißes ist kalt, Süßes ist salzig, Schönes ist häßlich, Großes klein, Stark ist schwach und Dunkles ist hell. Und so sprechen die Seelen der Verstorbenen auch immer im Gegenteil. Ist eine Seele müde, sagt sie: »Ich bin ausgeschlafen.« Hat jemand Hunger, sagt er: »Ich bin satt.« Die Toten leben hier jedoch nicht für ewig. Läßt ihre Kraft nach, trinken sie vom Wasser des Lebens und verjüngen sich. Stirbt eine Seele, dann geht sie in eine Frucht oder ein Blatt über. Und wenn ein Mensch davon ißt, geht die Seele in ihn über, und später wird ihm ein Kind geboren.[55]

Das passende Gefährt

Die Reise der Seele wird auch mit dem Weg der Sonne gleichgesetzt. Dabei wird die Sonne als Seelenführer gesehen. Sie nimmt die Seele im Westen mit sich in die Unterwelt und begleitet sie auf dem gefahrvollen Weg durch diese hindurch. Im Osten schließlich geht sie dann zu neuem Leben auf, zum »Kind des Lichtes«. So werden bei den Hopi-Indianern die Toten bei Sonnenuntergang an der westlichen Seite eines Totenfeldes bestattet, so daß ihr Gesicht nach Osten, dem Ort der Wiederkehr und Erneuerung, gerichtet ist.[56]

Wie die Seelen den Weg in die andere Welt beschreiten, ist ganz unterschiedlich. Viele Völker glauben daran, daß die Seelen ihrer Verstorbenen die Reise ins Land der Toten in einem Schiff oder einer Barke antreten, um dann über den Styx, Acheron oder Lethe oder andere Flüsse zu reisen, die das Diesseits vom Totenreich trennt. Nach griechischem Brauch legt man einem Toten eine Münze unter die Zunge. Sie ist für Charon bestimmt, den Fährmann, der die Toten über den Styx begleitet. Man möchte sichergehen, daß der Verstorbene auch wirklich ins Todesreich gelangt. Ist der Tote auf der anderen Seite des Grenzflusses angekommen, wird er von Kerberos, dem dreiköpfigen Höllenhund, empfangen. Schwanzwedelnd begrüßt er die Seelen, die in den Hades eingehen und frißt diejenigen auf, die wieder ins Leben zurückkehren wollen.[57]

In Islam glaubt man, daß eine Brücke über der Hölle schwebt, die Sirat heißt. Jeder Tote muß sie überqueren. Die Gläubigen, die sich ihrer sicher sind und ein gutes Leben geführt haben, kommen ohne Schwierigkeiten über diese Brücke. Die Ungläubigen sind unsicher und fallen in den Höllenschlund.

Die Jenseitsreise der alten Ägypter

Die Reise der Seele nach dem Tod entsprach der Tag- und Nacht-Fahrt des Sonnengottes Re, der im Osten hinter Manu, dem Berg des Sonnenaufgangs, erschien und seine Reise im Manjet-Boot der »Millionen Jahre« antrat. Am Tage überquerte er den Himmel und schenkte der Erde Wärme, Licht und Leben. Am Abend fuhr die Sonnenbarke durch die westlichen Berge und setzte nachts als Mesektet-Boot die Reise durch die Duat, die ägyptische Unterwelt, fort.

Die Duat war ein düsterer Ort, wo den Passagieren ernste Gefahren drohten. Sie war in zwölf Provinzen eingeteilt, die arrit (Halle), nut (Stadt) und sekhet (Feld) hießen und jeweils eine Stunde der Nacht entsprachen. Alle Hallen besaßen Tore mit Wächtern, Herolden und Torhütern, deren Name mit Hilfe des Totenbuches genannt werden mußte, bevor die Barke ihre Reise fortsetzen konnte.

Re und seine Gefährten mußten sich durch lodernde Feuer kämpfen, wo Hitze und Rauch ihnen Nase und Mund versengten. Viele Ungeheuer bedrohten sie auf ihrem Weg, u. a. eine riesige Schlange, die die Sonnenscheibe vor dem Aufgang der Sonne verschlingen wollte.

Als Re auf dem Höllenfluß fuhr, kamen Götter und Dämonen aus den Provinzen herbei und zogen sein Boot, da kein Wind in die Duat gelangte. Am Ende der zwölften Stunde geht der Sonnengott als Skarabäus in den östlichen Himmel ein.

Die Anhänger des Sonnengottes glaubten, daß die Verstorbenen und Eingeweihten zu ihm in die Sonnenbarke kämen und an den Abenteuern teilnähmen. Für die Anhänger des Osiris führte das Schiff zu der Halle, wo Thoth die Richterwaage hielt und wenn sie das Gericht gut bestanden, gelangten sie in Osiris' Königreich.[58]

Die Jenseitsreise der kanadischen Athapasken-Indianer

Die Athapasken-Indianer aus Kanada glauben, daß die Reise ins Reich der Toten in einem Kanu gemacht wird.

Das steinerne Kanu
(Nordamerika)

Im hohen Norden eines Landes, in dem der Winter kalt und hart ist
und die Erde viele Monde unter einer hohen Schneedecke erstar-
ren läßt, wohnte der Stamm der Chipewyan. Outalissa, ein junger
Indianer aus diesem Stamm, hatte sich in das bildschöne Mädchen
mit dem Namen Felsenblume verliebt. Es würde nicht mehr lange
dauern, daß Outalissa sie in seine Hütte führen würde. Die beiden
waren schon seit Kindesbeinen gute Freunde. Nun war es an der
Zeit, daß eine große Hochzeit gefeiert werden sollte.

Doch am Morgen des Hochzeitstages hatte der Tod Felsenblume
zu sich genommen. Blaß und kalt und trotzdem wunderschön lag sie
da in ihrem Festgewand aus bunten Federn. Als ihr Tod entdeckt
wurde, bemalten die Frauen des Stammes ihre Gesichter mit der
Farbe der Trauer und wehklagten. Outalissa aber war so traurig,
daß er nicht einmal weinen konnte. Stumm und reglos wie ein Baum
in der Windstille stand er da. Viele Fragen schossen ihm durch den
Kopf: Mit wem sollte er jetzt sein Winterlager teilen? Und mit wem
seine Beute? Tag und Nacht trauerte er an Felsenblumes Grab. Er
nahm weder Speise noch Trank zu sich. Und auch wenn sein Körper
noch lebte, seine Seele schien mit Felsenblumes Tod gestorben zu
sein.

Es kam die Nacht, in der er von Felsenblume träumte. Er träumte
von einem schimmernden See, in dessen Mitte eine wunderschöne
Insel lag. Am Ufer des Sees stand seine geliebte Felsenblume.
Heiter und lieblich, so wie er sie immer gekannt hatte. Sie stand da
und winkte ihm mit strahlenden Augen zu.

Als Outalissa am nächsten Morgen erwachte, spürte er zum

ersten Mal wieder Lebenskraft in sich aufkeimen. Erhobenen Hauptes ging er in sein Dorf zurück, trat vor seine Stammesbrüder und
sprach: »Wie die Vögel des Nordens im Winter in den warmen
Süden fliegen, so ist auch die Blume der Wildnis, deren Körper nun
schon seit einigen Monden in diesem Grab liegt, in weitaus schö-
nere Gefilde gezogen. Ich werde nun zu ihr gehen, denn ohne sie ist
mein Leben leer und tot.«

»Du möchtest ins Reich der Toten wandern, Outalissa?« fragte
ihn der Stammesälteste. »Überlege es dir gut. Niemand wird dir den
Weg in dieses Reich zeigen können, denn kein Lebender hat es bis
jetzt betreten dürfen.« Der junge Indianer aber antwortete mit
sicherer Stimme: »Mein Herz brennt, und meine Sehnsucht ist groß.
Meine Liebe wird mich das Ziel finden lassen, und ich werde dort
Einlaß finden.«

Am Abend wurde ein Abschiedsfest für Outalissa bereitet, und
alle Männer und Frauen waren traurig, als er am nächsten Morgen
von ihnen ging. Sie alle waren der Überzeugung, daß sie ihn nie
mehr wiedersehen würden. Der Jüngling hingegen war frohen
Mutes und kehrte dem Stern des Nordens den Rücken und wanderte
gen Süden. Dort, so sagten es die Alten des Stammes, sei das Land
der Seelen. Je weiter er wanderte, desto dünner wurde das Eis auf
den Flüssen und Seen und desto größer schienen ihm die Wälder.
Als schimmernde Wiesen und wogende Maisfelder vor ihm auf-
tauchten und der warme Wind um seine Schläfen strich, da wußte
er, daß er auf dem richtigen Weg war.

Nachdem er viele Tage gewandert war, erhob sich eines Abends
vor ihm ein wildes Felsengebirge. Outalissa erschauerte bei seinem
Anblick. Hoch und steil, unbezwingbar schien es zu sein. Er spürte
die Müdigkeit in seinen Füßen, aber trotzdem nahm er all seine
Kraft zusammen und wanderte mutig in die Höhe der Berge. Als er

schließlich den Gipfel erreicht hatte, sah er zu seinem Erstaunen einen alten Mann auf einem Fels sitzen. Er hatte schneeweißes, langes Haar und klare, strahlende Augen. Um die Schultern hing ihm ein helles Gewand aus dem Fell eines Berglöwen, und in seiner Rechten hielt er einen langen Stab. Noch ehe der junge Jäger eine Frage an den Greis richten konnte, sprach dieser mit dunkler und eindringlicher Stimme zu ihm: »Outalissa vom Stamm der Chipewyan. Ich bin der Wärter auf der Felsenhöhle und kenne dein Begehren. So wisse nun, daß diejenige, nach der deine Seele sucht und die du von ganzem Herzen liebst, hier vor einiger Zeit vorbeigekommen ist.«

Der Jüngling war erfreut über diese Nachricht, aber gleichzeitig fürchtete er sich ein wenig vor dem Alten: »Laß mich zu Felsenblume, ehrwürdiger Herr, laß mich zu ihr gehen.« Der Alte schaute ihn eindringlich an und zeigte dann mit seinem Stab ins Weite. »Siehst du das Tal dort unten? Dort ist das Land der Toten. Dort findest du auch Felsenblume. Auch wenn dein Erdendasein noch nicht beendet ist, will ich dir Einlaß gewähren. Denn es gibt nur wenige, deren Liebe so groß ist und deren Herz so rein ist wie das deine. Aber bevor du gehst, mußt du mir ein Versprechen geben: So schwer dir der Abschied aus dem wundersamen Land der Toten auch fallen mag, du mußt es eines Tages wieder verlassen und zu deinen Brüdern und Schwestern zurückkehren.«

Das versprach Outalissa bei dem Leben seiner Eltern. Dann legte er auf des Alten Geheiß Waffen, Mokassins und Kleidung ab, ließ seinen Körper zurück und wanderte hinab in das Tal zum Land der Toten. Über blühende und wohlduftende Wiesen ging er an einem glitzernden Fluß entlang, der in einen weiten, stillen See mündete. Am Ufer des Sees erblickte er denn Felsenblume. Sie stand da, genauso wie er sie in seinem Traum gesehen hatte.

173

»Outalissa, Geliebter. Ich wußte, daß du kommen wirst«, sagte sie, und beide waren stumm vor Glück. Als der junge Indianer auf den See blickte, wurde ihm jedoch angst und bange. Die Wasserfläche war von weißen Steinkanus bedeckt, in denen die Seelen der Verstorbenen saßen und der grünen Insel zustrebten. Doch nur einige erreichten das Ziel. Die meisten Kanus versanken in der Tiefe.

»Ich habe auf dich gewartet, denn ich hatte solche Angst, alleine in einem Kanu zu fahren«, flüsterte Felsenblume. »Laß uns diese schwere Fahrt gemeinsam machen.« So lösten sie ein Kanu vom Ufer und stiegen hinein. Als sie nur einige Ruderschläge vom Ufer entfernt waren, gestand Outalissa: »Ich habe manchmal beim Kriegsgeschrei gezittert.« Er hatte den Satz noch nicht ganz zu Ende gesprochen, da fiel ein schwarzer Stein aus seiner Brust als Ballast in die Mitte des Kanus. »Ich habe meiner Mutter widersprochen und war böse zu ihr«, sprach Felsenblume. »Bei der Herbstjagd im vorigen Jahr habe ich mehr Elche getötet, als ich essen konnte.« »Und ich«, fuhr Felsenblume fort, »habe es zugelassen, daß der Vater zerrissene Mokassins trug und mein Bruder ein zerrissenes Schneehemd.« Mit jedem Geständnis fiel Stein auf Stein auf den Boden des Kanus. »Sieh nur«, rief Outalissa betroffen, »wie schwer unsere Vergehen sind und wieviel sie wiegen. Wir werden das andere Ufer niemals erreichen.«

Das Kanu senkte sich zwar unter der Last der Steine, aber es schien nicht unterzugehen, sondern trieb langsam auf das Eiland zu. Bald schon spürten sie den feinen Sand unter dem Bootsboden. Staunend liefen sie über die grüne, dicht bewachsene Insel. Hier gab es weder eisige Winterstürme noch böse Gedanken. Wilde Tiere erschienen lieb und zutraulich, und die Luft war weich und mild. Glücklich und friedlich lebten Outalissa und Felsenblume zusammen.

Eines Tages erhob sich ein mächtiges Rauschen, und eine gewaltige Stimme sprach zu dem jungen Indianer: »Outalissa, Sohn des Roten Elchs. Die Wasser des Gerichtes, die du zusammen mit Felsenblume überquert hast, haben euch nicht in die Tiefe gezogen. Das ist schön und zeigt, daß eure guten Taten besser gewesen sind als eure schlechten. Der Große Geist erwartet nicht Vollkommenheit, aber er erwartet, daß der Chipewyan Frauen und Kinder beschützt. Es ist nun an der Zeit, daß du zu den Lebenden zurückkehrst. Heiteren Gemüts sollst du deine Hütte betreten. Furchtlosigkeit und Mut in den Kämpfen beweisen, und Geduld und Beharrlichkeit auf der Jagd. Nimm Abschied von Felsenblume und verkünde deinem Volke, was du hier gesehen hast, damit sie in Zukunft bemüht sind, mehr gute als schlechte Taten in ihrem Leben zu vollführen.« Die Stimme wurde leiser und leiser, bis wieder paradiesische Stille herrschte.

So schwer seinem Herzen der Abschied auch fiel, er hatte die Rückkehr schließlich versprochen. Also machte Outalissa sich wieder auf und bestieg ein Kanu, und wortlos war er bald den Blicken der lieblichen Felsenblume entschwunden. Bei dem Wächter der Felsenhöhle, der ihn sehr freundlich empfing, nahm Outalissa seine Kleidung und seine Waffen wieder in Empfang und machte sich für den Heimweg zurecht. Dann wanderte er Richtung Norden zurück in das Land der eisigen Stürme und schneebedeckten Wälder und Berge. Dort wurde er von seinen Stammesbrüdern freudig empfangen. Ein großes Fest wurde zu seiner Rückkehr ausgerichtet, und er erzählte von seinen Abenteuern, und von dem, was er im Land der Toten gesehen und erfahren hatte. Die Indianer saßen allabendlich am Lagerfeuer, und Outalissa erzählte, was er gesehen hatte und erklärte, wie wichtig es ist, ein gutes und ehrliches Leben zu führen.

Das Jenseits

Einst kam ein Krieger zu dem Zen-Meister Hakuin und fragte ihn:
»Großer Meister, man sagt,
daß du jede nur erdenkliche Frage beantworten kannst.
Gibt es so etwas wie Himmel und Hölle?«

Hakuin schaute ihm tief in die Augen und fragte: »Wer bist du?«
Der Krieger antwortete: »Ich bin der oberste Samurai
des Kaisers in Edo.«
Hakuin lachte: »Du willst ein Samurai sein?
Mit deinem Gesicht wirkst du eher wie ein Bettler!«
Da wurde der Krieger so wütend, daß er sein Schwert zog.

Hakuin aber stand vor ihm ruhig und unbeeindruckt und sprach:
»Hier tut sich das Tor zur Hölle auf.«
Als der Samurai die Gelassenheit des Meisters sah,
steckte er sein Schwert in die Scheide und verbeugte sich in tiefer
  Demut.
Hakuin sprach: »Und hier öffnet sich das Tor zum Himmel.«

(Japanische Zen-Geschichte)

Bei vielen Religionen richtet sich das Leben im Jenseits danach, wie sich der Mensch im Diesseits verhalten hat. Gute und schlechte Taten werden von dem jeweiligen Gott betrachtet, und danach wird entschieden, ob den Toten entweder ein Leben im Himmel oder in der Hölle erwartet. Die Vergeltung der Sünden kann einen Menschen schon während des Lebens erreichen, aber oftmals läßt Gott die Tugendhaften im Unglück leben und enthält den Lasterhaften die verdiente Züchtigung vor, da Gottes Wege nicht die des Menschen sind.[59]

Das Jenseits im Christentum

Nachdem die Seele vom Körper getrennt ist, erhält sie im Christentum Lohn für die geschaffenen Werke, und die Gerechten gehen in das ewige Leben ein (Matth. 25,46). Sie werden Gott direkt erfahren: »Selig sind, die reinen Herzens sind, denn sie werden Gott schauen.« (Matth. 5,8).

Wie der Himmel im einzelnen aussieht, ist von vielen Dichtern beschrieben worden. In der Bibel selbst finden sich nicht allzuviele Angaben darüber, aber die Seligen leben in der Gesellschaft der Engel und Heiligen. Sie werden die »unvergängliche Krone der Herrlichkeit empfangen« (1. Petrus 5, 4). Sie werden »auf einem Thron sitzen und sich von ihren Mühen erholen und am Hochzeitsmahl des Lammes teilnehmen« (Offenbarung 14, 17, 19). »Und obwohl die Seligen durch einen unendlichen Abstand von Gott geschieden sind, so sind sie ihm doch ähnlich.« (1. Joh. 3, 2).

Im Himmel herrscht eine gewisse Hierarchie unter den Seligen. Abhängig von den Taten, die sie im Leben vollbracht haben, wird ihnen ein größerer oder kleinerer Grad der Seligkeit zuteil, da es

»im Haus des Vaters viele Wohnungen gibt« (Joh. 14,2). Und »ein Stern übertrifft den anderen an Klarheit« (1. Kor. 15,41).

Die andere Darstellung des Himmels spiegelt sich in den Mythen des goldenen Zeitalters und des Garten Eden wider, in dem die Welt in ihrer ursprünglich natürlichen Schönheit vorgefunden wird. Es gibt allerdings keine konkrete Beschreibung des Himmels. Doch in einem stimmen die Autoren der Bibel überein: Der Himmel ist die Wohnstätte Gottes. Sein Thron wird im 2. Buch Mose folgendermaßen beschrieben: »Der Boden zu seinen Füßen war wie mit Lapislazuli ausgelegt« (2. Mose 24,10). In der Offenbarung des Johannes im Neuen Testament wird der Himmel folgendermaßen beschrieben: ».. . eine Tür war aufgetan im Himmel, und die erste Stimme, die ich mit mir hatte reden hören wie eine Posaune, die sprach: ›Steig herauf, ich will dir zeigen, was nach diesem geschehen soll. Alsbald wurde ich vom Geist ergriffen. Und siehe, ein Thron stand im Himmel, und auf dem Thron saß einer. Und der da saß, war anzusehen wie der Stein Jaspis und Sarder; und ein Regenbogen war um den Thron, anzusehen wie ein Smaragd.

Und um den Thron waren vierundzwanzig Throne, und auf den Thronen saßen vierundzwanzig Älteste, mit weißen Kleidern angetan, und hatten auf ihren Häuptern goldene Kronen.

Und von dem Thron gingen aus Blitze, Stimmen und Donner; und sieben Fackeln mit Feuer brannten vor dem Thron, das sind die sieben Geister Gottes. Und vor dem Thron war es wie ein gläsernes Meer, gleich dem Kristall, und in der Mitte am Thron und um den Thron vier himmlische Gestalten, voller Augen vorne und hinten.

Und die erste Gestalt war gleich einem Löwen, und die zweite Gestalt war gleich einem Stier, und die dritte Gestalt hatte ein Antlitz wie ein Mensch, und die vierte Gestalt war gleich einem fliegenden Adler.

Und eine jede der vier Gestalten hatte sechs Flügel, und sie waren außen und innen voller Augen, und sie hatten keine Ruhe Tag und Nacht und sprachen: Heilig, heilig, heilig ist Gott der Herr, der Allmächtige, der da war und der da ist und der da kommt. Und wenn die Gestalten Preis und Ehre und Dank gaben dem, der auf dem Thron saß, der da lebt von Ewigkeit zu Ewigkeit, fielen die vierundzwanzig Ältesten nieder vor dem, der auf dem Thron saß, und beteten den an, der da lebt von Ewigkeit zu Ewigkeit, und legten ihre Kanonen nieder vor dem Thron . . .«

Jesaja beschreibt in einer Vision ebenfalls den himmlischen Hofstaat: »Da sah ich Gott, den Herrn, er saß auf einem sehr hohen Thron . . . Er war umgeben von mächtigen Engeln. Jeder von ihnen hatte sechs Flügel; mit Zweien bedeckte er sein Gesicht, mit Zweien den Leib, zwei hatte er zum Fliegen« (Jesaja 6, 1-2).

Die Seelen derer, die im Angesicht des Todes noch nicht ganz gereinigt waren, müssen eine Zeitlang ins Fegefeuer, um in diesem geläutert zu werden, bis sie in den Himmel kommen können. Durch Gebete, Almosen, Meßopfer usw. der Lebenden kann der Seele die Zeit im Fegefeuer verkürzt werden.[60]

Wer hingegen so schwer gesündigt hat, daß er direkt in die Hölle kommt, hat keine Chance mehr, geläutert zu werden, und doch noch in den Himmel zu gelangen. In der christlichen Hölle leben Teufel, die die Verdammten quälen und ihnen körperliche Schmerzen zufügen. Dieser Ort ist tief unter der Erde angesiedelt, und man kommt durch Vulkanschlunde, dunkle und unheimliche Wälder und durch das Maul des Liviathan dorthin. Das Schlimmste, was ein Mensch zu erleiden hat, der in die Hölle verdammt wurde, ist die glühende Hitze, und die daraus entstehenden körperlichen Schmerzen. Diese Hitze kommt aus einem Meer von Feuer und Schwefel, in das die Sünder geworfen werden. Eine andere Qual, die der Höllenbewohner erleidet, ist die endgültige Trennung von Gott, die ihn hoffnungslos verzweifeln läßt. Diese Metapher wurde von Jesus benutzt, als er die Geschichte von dem Reichen erzählt, der den Bettler Lazarus vor dem Tor seines Palastes ignorierte:

Die Geschichte vom reichen Mann
und armen Lazarus

Es war aber ein reicher Mann, der kleidete sich in Purpur und kostbares Leinen und lebte alle Tage herrlich und in Freuden. Es war aber ein Armer mit Namen Lazarus, der lag vor seiner Tür voll von Geschwüren und begehrte sich zu sättigen mit dem, was von des Reichen Tische fiel; dazu kamen auch die Hunde und leckten seine Geschwüre.

Es begab sich aber, daß der Arme starb, und er wurde von den Engeln getragen in Abrahams Schoß. Der Reiche aber starb auch und wurde begraben. Als er nun in der Hölle war, hob er seine Augen auf in seiner Qual und sah Abraham von ferne und Lazarus in seinem Schoß. Und er rief: Vater Abraham, erbarme dich meiner und sende Lazarus, damit er die Spitze seines Fingers ins Wasser tauchen und mir die Zunge kühle, denn ich leide Pein in diesen Flammen.

Abraham sprach: Gedenke, Sohn, daß du dein Gutes empfangen hast in deinem Leben, Lazarus dagegen hat Böses empfangen; nun wird er hier getröstet, und du wirst gepeinigt. Und überdies besteht zwischen uns und euch eine große Kluft, daß niemand, der von hier zu euch hinüber will, dorthin kommen kann und auch niemand von dort zu uns herüber.

Da sprach er: So bitte ich dich, Vater, daß du ihn sendest in meines Vaters Haus; denn ich habe noch fünf Brüder, die soll er warnen, damit sie nicht auch kommen an diesen Ort der Qual.

Abraham sprach: Sie haben Mose und die Propheten, die sollen sie hören.

Er aber sprach: Nein, Vater Abraham, sondern wenn einer von den Toten zu ihnen ginge, so würden sie Buße tun.

Er sprach zu ihm: Hören sie Mose und die Propheten nicht, so werden sie sich auch nicht überzeugen lassen, wenn jemand von den Toten aufersteht.[61]

Das Jenseits im Islam

Im Islam geht man davon aus, daß es sich beim Sterben um einen natürlichen Prozeß handelt, in dem der Muslim Gottes Willen, einen Menschen abzuberufen, erkennt. Somit stirbt der Muslim im Vertrauen auf Gott, denn im Koran heißt es in der Sure 36: »Wir allein machen die Toten wieder lebendig. Und wir schreiben auf, was sie früher getan, und die Spuren, die sie hinterlassen haben. Alles haben wir in einem deutlichen Hauptbuch aufgezählt« (s. 36:12).

Wenn es dem Sterbenden irgendwie möglich ist, soll der Muslim im Augenblick des Todes die Glaubensformel sprechen: »Ich bezeuge, es gibt keine Gottheit außer Allah; ich bezeuge, Mohammed ist der Gesandte Gottes.« Auch die am Sterbebett stehenden Verwandten sprechen diese Formel, denn dadurch wird nach alter Überlieferung garantiert, daß der Sterbende direkt ins Paradies eingeht.

Ist der Mensch gestorben, wird die Seele des Verstorbenen von dem Todesengel Izra'il oder anderen Engeln, die für die Abberufung der Seele zuständig sind, in Empfang genommen: »Der Todesengel, welcher über euch gesetzt ist, wird euch sterben lassen, und dann werdet ihr zurückgebracht zu eurem Herrn« (Sure 32:12).

Der Todesengel geleitet die Seele dann zum Himmel, wo sie entweder erfährt, daß Gott ihr ihre Sünden vergeben und sie so für das Paradies ausersehen hat, oder sie hört, daß sie abgewiesen und damit verdammt wird. In jedem Fall kehrt die Seele nach diesem Zwischengericht wieder ins Grab zum Körper zurück. Im Grab erfolgt ein Verhör, das das Gegenstück des Zwischengerichts im Himmel ist; es wird von bestimmten Engeln übernommen: Munkar und Nakir für die Verdammten und Mubashshar und Bshir für die Gerechten. Die Engel legen dem Verstorbenen folgende Fragen vor: Wer ist dein Gott? – Wer ist dein Prophet? – Welches ist deine Religion? – Welches ist deine Gebetsrichtung? Kennt der Muslim die richtigen Antworten, so heißt es im Koran: »Zu denen, welche sagen: ›Allah ist unser Herz‹ und sich sonst fromm verhalten, steigen die Engel herab und sagen: ›Fürchtet euch nicht und seid nicht traurig, sondern freut euch auf das Paradies, welches euch verheißen ist. Wir sind eure Freunde in diesem und dem zukünftigen Leben, in welchem ihr alles, was ihr nur wünscht und fordert, erhalten werdet, als (Gast-)Geschenk vom Allgütigen und Allbarmherzigen‹ (Sure 41:32 ff).« Wenn er aber falsche Antworten gibt, dann wird er schon im Grab gepeinigt, als Vorgeschmack für die ihm bestimmte Qual in der Hölle: »Wie wird es ihnen sein, wenn die Engel ihnen Gesicht und Rücken schlagen« (Sure 47:27; 8:50).

Hat der Verstorbene die Fragen im Sinne der beiden Engel beantwortet, dann wird er mit den wohlriechendsten Düften erfrischt, und eine Tür, die ihm den Zugang zum Paradies erweist, öffnet sich. Das Paradies ist eine blühende Oase mit wunderschönen Gärten, wuchernden und mit Früchten bewachsenen Bäumen sowie Flüssen, die reines Wasser mit sich führen. Die Männer liegen in herrlich aussehenden seidenen Kleidern und genießen Früchte und Wein in reichlichen Mengen. Nach Erleben der Sexualität kehren die Frauen wieder in den Stand der Jungfräulichkeit zurück und auch sie haben ein schönes Dasein.

Die Ungläubigen hingegen werden in Höllengewänder gekleidet und müssen durch das Portal der Hölle schreiten. Unerträgliche Hitze und der beißende Geruch der Pest der Hölle umgeben sie, und nachdem sich das Portal der Hölle geschlossen hat, werden sie und ihre Knochen zermalmt. Dort müssen sie bis zum Tag ihrer Auferstehung bleiben. Denn der Muslim, der es während Lebzeiten versäumt hatte, Allah genügend zu huldigen, hat in der Hölle genügend Zeit, dies nachzuholen: »Der Ungläubige und Tyrann und Höllenbewohner hatte Gott vernachlässigt zur Zeit seines Wohlbefindens und gedachte Gottes nicht; in der Hölle gedenkt er Seiner Tag und Nacht. Er schuf die Welt, Himmel und Erde, Mond und Sonne und Sterne, Gut und Böse, damit die Seiner gedächten und Ihm dienten und Sein Lob verkündeten: ›Ich schuf die Menschen und Geister nur, damit sie anbeten‹ (Sure 51:56). Da nun die Ungläubigen zur Zeit ihres Wohlergehens dies nicht tun, da es der Zweck der Schöpfung ist, Gottes zu gedenken, deswegen gehen sie zur Hölle, um Seiner dort zu gedenken.«[62]

Das Jenseits im Buddhismus

Ein Jenseits im westlichen Sinne ist den Buddhisten fremd. Je nach Taten werden sie in verschiedenen Welten wiedergeboren: Das Reich der Menschen, Götter, Tiere und Geister.

Gier, Haß und Unwissenheit sind die Auslöser für die Wiedergeburt. Ist der Mensch jedoch in der Lage, sich davon zu befreien, dann reißt die Kette der Wiedergeburten ab. Denn von einem Menschen, der die Attribute Gier, Haß und Unwissenheit nicht mehr besitzt, gehen keine Impulse mehr aus, die zu einer Wiedergeburt führen könnten. Die Körperbestandteile des Erlösten finden keine neue Form mehr und der »Mensch«, von dem man dann nicht mehr als Mensch sprechen kann, verlischt mit unbekanntem Verbleib – wie der wegspringende Funke des Schmiedes.

> *Der Funke, der vom Schmiedehammer sprang,*
> *und, eben glühend noch, allmählich schwindet:*
> *Wo ist er jetzt? – Genauso unverkennbar*
> *sind jene auch, die keine Lust mehr bindet:*
> *Die Vollerlöschten, die der Flut entronnen*
> *und unerschütterliches Glück gewonnen.*[63]

Das Nirwana, wohin der »Funke« nach dem Ausstieg aus dem Geburtenkreislauf, dem Samsara geht, ist für uns nur schwer vorstellbar und unsere weltliche Sprache ist außerstande, es zu beschreiben.

> *Wie eine Flamme, ausgeweht vom Winde,*
> *verweht ist und Begriffe nicht mehr passen,*
> *so der von Geist und Leib befreite Weise:*
> *Er ist nicht mehr begrifflich zu erfassen.*
> *Kein Maß gibt's mehr für ihn, der hingeschieden,*
> *es gibt kein Wort, mit dem man ihn begreift:*
> *Wenn alle Dinge völlig abgelegt sind,*
> *sind auch Bezeichnungsweisen abgestreift.*[64]

Vor dem Nirwana gibt es aber Orte, wo sich die Seelen ausruhen. Dabei richten sich die Vorstellungen ganz nach der Mythologie des Hinduismus. Der Mahayana-Buddhismus hingegen kennt eine große Anzahl von verschiedenen Paradiesen, die einer gewissen Hierarchie unterliegen und von Gottheiten und anderen zahlreichen geistigen Wesen bevölkert sind. Hier befinden sich die Menschen, die noch nicht in der Lage waren, sich komplett von den irdischen Wünschen und Begierden zu befreien.

Bevor der Mensch jedoch aus dem Kreislauf der Wiedergeburten ausscheidet, muß er wohl oder übel viele Leben auf Erden verbringen. Zwischen dem Tod und der Wiedergeburt vollzieht sich ein ganz bestimmter Ablauf, der im Tibetischen Totenbuch aufgezeigt wird. Solche Totenbücher gibt es auch in Ägypten und bei den Maya. Das Tibetische Totenbuch wurde im 8. Jh. n. Chr. von Padmasambhava aufgezeichnet, einem Inder, der den Buddhismus nach Tibet brachte.

Der »Bardo Thödol«, so der tibetische Name des Totenbuches, ist ein Führer für die Sterbenden und die Toten. Er ist ein Handbuch, das den Toten anleiten soll, mit Hilfe eines sachkundigen Lehrers die verschiedenen Stufen des Bereichs zwischen Tod und Wiedergeburt zu erkennen und die Befreiung zu erlangen. Die mit dem Prozeß des Todes und der Wiedergeburt verbundenen Bewußtseinszustände gehören einer größeren Gruppe von Zwischenbereichen (»Bardos«) an. Zu ihnen zählt der Bardo-Zustand des Daseins im Mutterschoß, der Bardo des Traumzustands, der Bardo des ekstatischen Gleichgewichts in der tiefen Meditation, der Bardo des Todeseintrittes (Chikhai Bardo), der Bardo der karmischen Illusion nach dem Tod (Chönyid Bardo) und der Bardo des Daseins, während man nach Wiedergeburt strebt (Sibpa Bardo).

Das Tibetische Totenbuch wurde zwar als Führer für die Sterbenden verfaßt, es hat jedoch zusätzliche Bedeutungsebenen. Nach der buddhistischen Lehre treten Tod und Wiedergeburt nicht nur am Ende des irdischen Lebens, sondern in jedem Augenblick unseres Daseins ein. Die im Bardo Thödol geschilderten Zustände können während systematischer spiritueller Übungen auch meditativ erlebt werden. Dieser wichtige Text ist daher gleichzeitig ein Führer für die Sterbenden, für die Lebenden und für ernsthaft spirituell Suchende. Er gehört zu einer Reihe von Anweisungen über die verschiedenen Typen der Befreiung: Befreiung durch Hören, durch Sehen, durch Erinnern, durch Schmecken und Berühren.

Die Anweisungen zu den verschiedenen Arten der Befreiung wurden von Padmasambhava formuliert und von seiner Frau niedergeschrieben. Padmasambhava vergrub diese Texte in den Gampo-Bergen Zentraltibets, wie es mit vielen anderen Texten oder sakralen Gegenständen, den »verborgenen Schätzen«, geschah. Er übertrug die Macht ihrer Entdeckung auf seine fünfundzwanzig bedeutendsten Schüler. Die Texte des Bardo Thödol wurden später von einer Inkarnation eines dieser Jünger, Karma Lingpa, gefunden. Er gehörte zur Nyingma-Schule, eine der vier Hauptrichtungen des tibetischen Buddhismus. Jahrhundertelang verwendeten die Schüler dieser Lehre den Bardo Thödol als wichtigen Führer zur Befreiung und Erleuchtung.

Die Toraja auf der Insel Sulawesi
(Indonesien)

Für die Toraja ist das Leben hier auf unserem Planeten Erde wie ein Traum, sie empfinden es als eine Art Schattendasein. Für sie ist das irdische Leben nicht mehr als ein Übergang in die Welt der Ahnen.

Der Tod stellt für sie den Höhepunkt dar, und erst im Totenreich beginnt das tatsächliche Leben.

Im Puya, dem Reich der Toten, wird der Verstorbene schon freudigst von seinen Ahnen erwartet. Dort erzählt er all den geliebten Ahnen, von denen er durch das Leben getrennt war, mit welch großem Abschiedsfest man ihm die letzte Ehre erwiesen hat. Ausführlich und ohne auch nur ein Detail auszulassen, hören die Ahnen von diesem Ereignis. Für sein Abschiedsfest wurden je nach Status des Verstorbenen zahlreiche Tiere geopfert: Hühner, Schweine und Wasserbüffel. Die Tieropfer haben nicht nur die Aufgabe, den Status des Verstorbenen zu präsentieren: Die Seelen der geopferten Tiere begleiten den Verstorbenen auf dem Weg ins Totenreich und schützen ihn vor Gefahren, die ihm unterwegs lauern und sie sorgen dafür, daß er sicher bei seinen Ahnen ankommt. Nun kümmert der Verstorbene sich mit den anderen Ahnen um die Lebenden und beschützt sie.

Die Totenfeste in Indonesien sind so aufwendig und teuer, daß eine Familie sich oftmals über Jahre verschuldet. Bis die Mittel für ein solches Fest zusammen sind, bleibt der Leichnam bei der Familie. Mumifiziert schläft er mit seinen Verwandten zusammen, ohne daß sich jemand vor ihm fürchtet.

Die Toradja haben eine sehr genaue geographische Vorstellung von ihrem Totenland Puya. Es liegt in der gleichen kosmischen Schicht wie die Welt der Lebendigen, allerdings etwas südlicher. Um ins Totenreich zu gelangen, müssen die Verstorbenen eine schwankende Brücke überqueren. Den meisten gelingt dies, aber Diebe, Selbstmörder und im Krieg Gefallene werden beim Übergang von Katzen erschreckt, stürzen von der Brücke und fallen in einen Fluß. Verstorbene, die dem Adel angehören, gelangen, nachdem komplizierte Riten und ein ausgiebiges Totenfest für sie veranstaltet wurde, in den Himmel. Dort leben sie dann in der Nähe des Gottes Puang Matua, des Großen Bären oder der Plejaden. Sie sind dann auch keine gewöhnlichen Verstorbenen, sondern werden als Ahnen betrachtet.[65]

Das Jenseits im griechischen Altertum

Die Griechen gingen davon aus, daß die Verstorbenen auf den Inseln der Seligen, bzw. im Elysium, weiterlebten. Sie befinden sich angeblich am Ende der Welt über den Wassern des Atlantik, auf diesen Inseln herrscht gutes, mildes Klima.

Der Hades, ein trostloser Ort der Finsternis, befindet sich im Westen oder tief unter der Erde. Um dorthin zu gelangen, müssen die Toten den größten Fluß der Unterwelt, den Styx, überqueren. Der Fährmann Charon setzt die Toten über diesen Fluß.

In einer der bekanntesten Sagen des klassischen Altertums folgt Orpheus seiner geliebten Frau Eurydike bis ins Reich der Toten.

Orpheus und Eurydike
(Griechenland)

Der unvergleichliche Sänger Orpheus war ein Sohn des thrakischen Königs und Flußgottes Oagros und der Muse Kalliope. Apollon selbst, der melodische Gott, schenkte ihm ein Saitenspiel, und wenn Orpheus dieses rührte und dazu seinen herrlichen Gesang, den seine Mutter ihn gelehrt hatte, ertönen ließ, so kamen die Vögel in der Luft, die Fische im Wasser, die Tiere des Waldes, ja die Bäume und Felsen herbei, um den wundervollen Klängen zu lauschen.

Seine Gattin war die holdselige Najade Eurydike, und sie liebten sich beide auf das zärtlichste. Aber ach, nur allzu kurz war ihr Glück; denn kaum waren die fröhlichen Lieder der Hochzeit verstummt, da raffte ein früher Tod die blühende Gattin dahin. Auf grüner Aue lustwandelte die schöne Eurydike mit ihren Gespielinnen, den Nymphen, da stach sie eine giftige Natter, die im Grase versteckt lag, in die zarte Ferse, und sterbend sank die Liebliche ihren erschreckten Freundinnen in die Arme.

Unaufhörlich hallten nun die Berge und Täler vom Schluchzen und Klagen der Nymphen wider, und unter ihnen jammerte und sang Orpheus, seinen Schmerz in wehmütigen Liedern austönend; da trauerten die Vöglein und die klugen Hirsche und Rehe mit dem verlassenen Gatten. Aber sein Flehen und Weinen brachte die Verlorene nicht zurück. Da faßte er einen unerhörten Entschluß: Hinunter in das grausige Reich der Schatten wollte er steigen, um das finstere Königspaar zur Rückgabe Eurydikes zu bewegen. Durch die Pforte der Unterwelt bei Ränaron ging er hinab; schaurig umschwebten die Schatten der Toten den Lebenden, er aber schritt mitten durch die Schrecknisse des Orkus, bis er vor den Thron des bleichen Hades und seiner strengen Gemahlin trat. Dort faßte er seine Leier und sang zum süßen Klang der Saiten:

»O ihr Herrscher des unterirdischen Reiches, gönnt mir, Wahres zu reden, und hört gnädig meine Bitten an! Nicht aus Neugier, den Tartaros zu schauen, kam ich herab, nicht, um den dreiköpfigen Hund zu fesseln; ach nein, um der Gattin willen nah' ich mich euch. Vom Biß der tückischen Natter vergiftet, sank die Teure in der Jugend Blüte dahin, nur wenige Tage war sie meines Hauses Stolz und Freude. Seht, ich wollte es tragen, das unermeßliche Leid; als Mann hab' ich lange gerungen. Aber die Liebe zerbricht mir das Herz, ich kann nicht ohne Eurydike sein. Darum fleh' ich zu euch,

furchtbare, heilige Götter des Todes! Bei diesen grauenvollen Orten, bei der schweigenden Öde eurer Gefilde: Gebt sie mir wieder, die traute Gattin; laßt sie frei und schenkt ihr das allzufrüh verblühte Leben von neuem! Aber kann es nicht sein, oh, so nehmt auch mich unter die Toten auf, nimmer kehr' ich ohne sie zurück.«

Also sang er und rührte mit den Fingern die Saiten. Siehe, da horchten die blutlosen Schatten und weinten. Der unselige Tantalos haschte nicht mehr nach den entschlüpfenden Wassern, Ixions sausendes Rad stand still, die Töchter des Danaos ließen ab vom vergeblichen Mühen und lehnten horchend an der Urne, Sisyphos selbst vergaß seine Qual und setzte sich auf den tückischen Felsblock, den sanften Klagetönen zu lauschen. Damals, so sagt man, rannen selbst von den Wangen der furchtbaren Eumeniden Tränen hernieder, und das düstere Herrscherpaar fühlte sich zum ersten Mal von Mitleid bewegt. Persephone rief den Schatten Eurydikes, der unsicheren Schrittes herankam. »Nimm sie mit dir«, sprach die Totengöttin, »aber wisse: Nur wenn du keinen Blick auf die Folgende wirfst, ehe du das Tor der Unterwelt durchschritten, nur dann gehört sie dir; doch schaust du dich zu frühe nach ihr um, so wird dir die Gnade entzogen.«

Schweigend und schnellen Schrittes klommen nun die beiden den finsteren Weg empor, vom Grauen der Nacht umgeben. Da ward Orpheus von unsäglicher Sehnsucht ergriffen, er lauschte, ob er nicht den Atemzug der Geliebten oder das Rauschen ihres Gewandes hörte – aber still, totenstill war alles um ihn her. Von Angst und Liebe überwältigt, seiner selbst kaum mächtig, wagte er es, einen schnellen Blick rückwärts nach der Ersehnten zu werfen. O Jammer! Da schwebt sie, das Auge traurig und voll Zärtlichkeit auf ihn heftend, zurück in die schaurige Tiefe. Verzweiflungsvoll streckt er die Arme nach der Entschwindenden. Ach, umsonst! Zum zweitenmal stirbt sie den Tod, doch ohne Klage – hätte sie klagen können, so innig geliebt zu sein? Schon ist sie fast seines Blickes entschwunden. »Leb wohl, leb wohl!« so tönt es leise verhallend aus der Ferne.

Starr vor Gram und Entsetzen stand Orpheus zuerst, dann stürzte er zurück in die finsteren Klüfte; aber jetzt wehrte ihn Charon und weigerte sich, ihn über den schwarzen Styx zu fahren. Sieben Tage und Nächte saß nun der Arme am Ufer, ohne Speise und Trank, zahllose Tränen vergießend, um Gnade fleht er die unterirdischen Götter; aber diese sind unerbitterlich, zum zweitenmal lassen sie sich nicht erweichen. So kehrte er denn gramvoll auf die Oberwelt zurück in die einsamen Bergwälder Thrakiens. Drei Jahre lang lebt er so dahin, allein, die Gesellschaft der Menschen fliehend. Verhaßt ist ihm der Anblick der Frauen, denn ihn umschwebt das liebliche Bild seiner Eurydike; ihr gelten alle seine Seufzer und Lieder, ihrem Angedenken die süßen klagenden Töne, die er der Leier entlockt.

So saß der göttliche Sänger einst auf einem grünen, schattenlosen Hügel und begann sein Lied. Alsbald bewegte sich der Wald, näher und näher rückten die mächtigen Bäume, bis sie den Sitzenden mit ihren Zweigen überschatteten; und auch die Tiere des Waldes und die munteren Vöglein kamen heran und lauschten im Kreise den wundervollen Tönen. Da durchstürmten thrakische Weiber schwärmend die Berge, das tolle Fest des Dionysos feiernd. Sie haßten den Sänger, der seit dem Tode der Gattin alle Frauen verschmähte. Jetzt erblickten sie den Verächter. »Dort seht ihn, der uns verhöhnt!« so rief die erste der rasenden Mänaden, und im Nu stürzten sie tobend auf ihn ein, indem sie Steine und Thyrsosstäbe schleuderten. Noch lange schützten die treuen Tiere den geliebten Sänger; wie aber der Klang seiner Weisen allmählich in dem Wutgeheul der wahnsinnigen Weiber verhallte, flohen sie er-

schreckt ins Dickicht des Waldes. Da traf ein geschleuderter Stein die Schläfe des Unglücklichen, blutend sank er in den grünen Rasen; ach, durch den liederreichen Mund, der Felsen und Bergwild gerührt, entfloh die Seele.

Kaum war die mörderische Rotte entwichen, da kamen die Vögel schluchzend herbeigeflattert, traurig nahten die Felsen und alles Getier; auch die Nymphen der Quellen und Bäume eilten zusammen, in schwarze Gewänder gehüllt. Um Orpheus klagten sie alle und begruben seine verstümmelten Glieder. Das Haupt aber und die Leier nahm die schwellende Flut des Hebrus auf und trug sie mitten im Strome dahin. Noch immer klang es wie süßer Klagelaut von den Saiten und von der entseelten Zunge, leise antworteten die Ufer mit wehmütigem Widerhall. So trug der Strom das Haupt und die Leier hinaus in die Meeresfluten bis an das Gestade der Insel Lesbos, wo die frommen Einwohner beides auffingen. Das Haupt bestatteten sie, und die Leier hängten sie in einem Tempel auf.

Daher kommt es, daß jene Insel so herrliche Dichter und Sänger hervorgebracht hat; ja selbst die Nachtigallen sangen dort lieblicher als anderswo, um das Grab des göttlichen Orpheus zu ehren. Seine Seele aber schwebte hinab ins Schattenreich. Dort fand Orpheus die Geliebte wieder, und nun weilten sie, ungetrennt und selig umschlungen, in den Gefilden Elysiums, auf ewig miteinander vereint.[66]

Das Jenseits bei den nordamerikanischen Indianern

Nicht alle Indianerstämme haben die gleichen Vorstellungen über das Totenreich. Viele Stämme der Prärieindianer im Norden Amerikas gehen davon aus, daß es sich beim Jenseits um eine weite

Ebene mit üppigen und saftigen Grasweiden handelt. Dort reihen sich die grünwogenden Hügel aneinander und dehnen sich in ihren saftigen Farben endlos weit aus. Auch Büffel gibt es in diesem Reich genügend, so daß für alle gesorgt ist. Die Seelen von verstorbenen Übeltätern werden zwar nicht gepeinigt, aber auf eine triste, einsame Insel verbannt.[67]

Die Eskimos glaubten ihre Toten im Schimmer des Mondlichts zu erkennen, wo sie mit Köpfen von Walrössern spielen.

Für die Choctaw oder die Sioux Indianer befindet sich das Reich ihrer Ahnen in der Gegend des Sonnenuntergangs.

Im Stamm der Zuni herrscht wiederum eine ganz andere Vorstellung von der Lage des Totenreichs und dem Totenreich selbst:

Ein toter Mensch ist niemals in der Lage, wieder als lebendiger Mensch zurückzukehren. Andere Lebewesen sind davon nicht betroffen. Wenn ein Wapiti stirbt, dann wird er wieder zu einem Wapiti, genauso ergeht es Bären oder anderen Tieren. Wenn ein Mensch stirbt, das »Ende des Lichts« erlebt, dann kommt er in die »rohe Welt«. Wie das funktioniert, und wie es dem Verstorbenen in jener Welt geht, das hängt von seinen Tagen im Diesseits ab.

Schon die Jungen werden auf den Tod und ihr Leben als »Kachina«, als »rohe Wesen«, vorbereitet. Die Zuni glauben, daß sie nach ihrem Tod als Kachina-Leute zwei Tagesmärsche westlich unter einem See im Kachinadorf leben. Die Jungen lernen die Maskentänze der Kachina kennen und dürfen an den Pilgerfahrten zum Ufer dieses Sees teilnehmen, die alle vier Jahre stattfinden. Stirbt ein Zuni, dann kommt seine Seele nach zwei Tagen im Kachinadorf an. Wenn er zu Lebzeiten eine eigene Maske besaß, dann darf er bei den Tänzen der Toten teilnehmen. Die Kachina-Leute sind auf die Opfer der Lebenden angewiesen und geben den Lebenden dafür Glück. Sie geben ihnen alle Arten von lebensspendender Feuchtigkeit, wie die Feuchtigkeit für die Felder. Die Lieder der Kachinas klingen wunderschön, denn die Zuni meinen, daß die Kachina den Lebenden das Totenreich schmackhaft machen wollen. Stirbt ein Zuni, wenn die Maskentänzer in der Stadt sind, dann sagt man, daß die Kachina die Seele des Menschen mitgenommen haben.

Es ist den Kachinas möglich, in Geistform zu den Lebenden zurückzukehren. Seelen, die zu Lebzeiten eine eigene Maske besessen haben, können in die Maske eines Tänzers zurückkehren. Hier wird auch die große Bedeutung deutlich, die viele nordamerikanische Indianer den Maskenwesen beimessen. Aber natürlich können auch die Seelen der anderen Verstorbenen zurückkehren, wenn nicht als Tänzer, dann in Form einer Wolke oder in einer ganzen Gruppe von Regenwolken. Wenn ein Zuni jedoch niemals bei einem Maskentanz zugesehen hat, dann wird er zur einsamen »lügenden« Wolke, die keinen Regen bringt. Sie steht alleine am Himmel. Kehren die Zuni nach ihrer Pilgerfahrt wieder nach Hause zurück, und es regnet, dann wird im Dorf geweint, weil es ein Zeichen dafür ist, daß sie die Toten mit zurückgebracht haben.

Wenn die verstorbenen Zuni nicht gerade als Wolke reisen, dann leben sie ähnlich wie im Diesseits: Sie haben Menschengestalt, tragen Kleidung und essen gekochte Speisen. Allerdings können sie nicht mehr wie Menschen sprechen, sondern stoßen Tierschreie aus. Als Kachina haben sie auch keine individuelle Persönlichkeit, sondern sie sind eher Personentypen zuzuordnen: freundlich, dumm, unbeholfen, naiv, entschlossen, würdevoll oder anderen Eigenschaften. Aber nicht jeder kommt in die Kachina-Gesellschaft. Menschen, die dem Tod nahe waren und durch einen Medizinmann, der sich in einer Medizingesellschaft befindet, gerettet wurden, kommen zu den Toten aller Medizingesellschaften der Welt.

Um ihre Menschlichkeit ganz abzustreifen, müssen die Verstorbenen, egal, in welche Welt sie gekommen sind, dreimal sterben. »Es gibt zwei Ansichten darüber, wo sie sein werden, wenn sie das vierte und letzte Mal gestorben sind. Entweder sind sie wieder an dem Loch, noch weiter westlich als das Kachinadorf, wo die ersten Vorfahren am Anfang der Zeit aus der Erde hervorkamen, oder sie sind Tod für Tod in die tiefste der vier Unterwelten hinabgestiegen, wo die Ahnen vor ihrem Aufstieg zur Erde lebten.«[68] Zu jener Zeit waren sich die Menschen weder ihrer selbst bewußt, noch starben sie. Nach diesem vierten Tod werden sie als »rohe Wesen« wiedergeboren und können niemals wieder als Menschen zurückkehren.

Um dem Reinkarnationszyklus der »rohen Welt« zu entkommen, gibt es nur eine Möglichkeit: indem man ein Regenmacher-Priester wird. Man wird in dieses Amt berufen, aber es scheint so schwierig zu sein, daß viele wieder aufgeben. Diese Priester sind verheiratet, widmen aber den Großteil ihrer Zeit dem Gebet und dem Fasten. Sie dürfen keine Wesen töten, nicht einmal Ameisen oder anderes kleines Ungeziefer. Sie dürfen auch keine Pflanzen pflücken. Sie säen ihre Maissamen zwar selbst, aber geerntet wird von anderen. Sie beten für alle Wesen auf diesem Planeten. Wenn ein Regenmacher-Priester sich im Sommer zur Einkehr zurückzieht, dann verläßt seine Seele seinen Körper und reist durch die Welt, um in die Zukunft zu schauen. Und genau wie die Kachina-Leute sorgen auch die Regenmacher-Priester für Regen, jedoch ihr Regen bewässert nicht nur die Felder, sondern die ganze Welt.

Am Anfang der Zeit lebten die Regenmacher an den Ufern des großen Ozeans, von dem die Erde umgeben wird. Dort halfen sie mit ihrem Seherblick den Menschen, den Weg nach Zuni, dem Mittelpunkt der Welt, zu finden. Stirbt heute ein Regenmacher, kehrt er genau an diesen Ozean zurück, wo sich alle früheren Priester befinden, die die eigentlichen Regenmacher sind.

Vor langer Zeit gab es noch eine weitere Möglichkeit, dem Kreislauf der Wiedergeburten zu entkommen: indem man ein Bogenpriester wurde. Diese waren Beschützer der Regenmacher und anderer Menschen. Ganz im Gegensatz zum Regenmacher, der nicht tötet, kämpfte der Bogenpriester. Er brachte die Geister von getöteten Navajo- und Apachen-Indianern nach Zuni und verwandelte sie dort in Regenbringer. Danach zog er sich ganz allein zurück und reinigte sich lange Zeit. Im Krieg standen die Bogenpriester unter dem Schutz der Raubtiere, und auch die beiden kriegerischen Söhne des Sonnenvaters achteten darauf, daß ihnen nichts zustieß. Waren sie nicht in kriegerischer Mission unterwegs, sondern in Frieden zu Hause, dann beteten sie zu den Geistern der toten Bogenpriester und Regenmacher. Die Zuni sagen auch, daß die Bogenpriester die Erzeuger des Blitzes sind.[69]

Das Jenseits bei den Tumbuka in Malawi
(Ostafrika)

Etwas komplizierter als die nordamerikanischen Indianer gehen die Tumbuka in Malawi an das Jenseits heran. Sie gehen davon aus, daß ihre Ahnen nach dem Leben auf Erden in der Unterwelt weiterleben, und das gar nicht mal allzu schlecht: Die Verstorbenen bleiben ewig jung, genießen diesen Ort mit Freude, denn Streit ist in der Unterwelt unbekannt. Dort herrscht auch weder Unglück noch Hungerleiden, sondern Seelenfrieden.

Das Jenseits bei den Azteken

(Südamerika)

In der Vorstellung der Azteken gab es mehrere Totenreiche, nämlich drei an der Zahl. Tlalocan, das erste und unterste dieser Paradiese, ist ein Ort des Überflusses. Es ist ein Land von Nebel und Wasser, von Heiterkeit und Seligkeit. Es scheint sich nicht sonderlich von dem irdischen Leben zu unterscheiden: Die Toten spielen Bockspringen, jagen Schmetterlinge und singen lauthals Lieder. Den Geistern hier wachsen Liedrollen aus dem Mund und viele von ihnen tanzen glücklich, mit grün belaubten Zweigen in den Händen. Die Bäume tragen herrlichste Früchte, und dem Land scheint es auch an anderen Gütern nicht zu fehlen: Paprika, Tomaten, Mais und Kürbisse sowie eine Vielzahl blühender und wohlduftender Blumen erfreuen die Toten. Schmetterlinge, die für die Mexikaner immer Symbole einer reichen, gut bewässerten Vegetation sind, gibt es in Fülle.

Das zweite Paradies heißt Tlillan-Tlopallan, hier leben die Jünger von Quetzalcoatl, dem Gott, der für die Wiedergeburt steht. In diesem Paradies halten sich diejenigen auf, die gelernt haben, sich von ihrem physischen Körper zu befreien und ohne Bindung an ihn zu leben. Deshalb trägt es auch den Namen »Land der Fleischlosen«.

Das höchste der drei Paradiese heißt Tonatiuhichan, das »Haus der Sonne«. Hier befinden sich die Wesen, die vollkommen erleuchtet sind. Es sind die Privilegierten, die als Begleiter der Sonne auserwählt wurden. Im Leben werden sie als völlig entrückt empfunden. Aber auch solche Wesen, die ihr Leben für ihr Volk hingegeben haben, sind in diesem höchsten Paradies. Ein Platz darin ist das Ehrenrecht der Männer, die als Kriegsopfer gefallen sind, sei es auf dem Schlachtfeld, sei es während der Opferriten in den Tempeln. Hierher kommen auch alle Frauen, die im Kindsbett gestorben sind. Die Männer starben, um den Feind zu besiegen und so Leben zu bewahren, die Frauen starben beim Akt, mit dem sie Leben schufen. Beide werden sie geehrt, und ihr Ruhm ist der Ruhm der Sonne, denn von der Sonne glaubte man, daß sie ständig leide. Sie rief dauernd nach dem Blut von den Opfern, um ihren brennenden Durst zu löschen.

In diesem Land des Ruhms begleiten Adler die Krieger und bringen Botschaften von der Sonne zur Erde. Die Krieger und Frauen sind mit schönen Kleidern geschmückt, mit Blumen bekränzt und sie tragen im Haar die schönsten Federn. Sie sind die Geehrten, die Ruhmreichen, die Herrlichen. Ob sie in diesem Himmel ihre Aufgaben fortsetzten, ist nicht bekannt, aber anscheinend galt er als endgültige Belohnung. Die Krieger begleiten frohlockend die Sonne, wenn sie aufgeht, und führen sie zum höchsten Punkt des Himmels. Von dort aus geleiten die Seelen der Frauen sie durch die westlichen Himmel abwärts und betten sie in der Unterwelt sicher zur Ruhe, bevor sie am nächsten Tag wieder aufgeht.

In der mexikanischen Kosmologie mußte es eine Art Unterwelt geben. Wohin sonst konnte die Sonne gehen, wenn sie im Norden war? Die Unterwelt, scheint es, hatte mehr als eine Ebene. Zum Beispiel gab es eine Kraft, direkt unter der Oberfläche, welche die Pflanzen auf ihrem Weg nach oben trieb und sie zum Blühen brachte. Es gab auch einen Aufenthaltsort für die Mehrzahl der gestorbenen Menschen: Michtlan. Michtlan scheint kein besonders aufregender Ort gewesen zu sein. Nach dem Tod, falls er natürliche Ursachen hatte, wurde die Leiche in schöne Kleider gehüllt, ein roter Hund wurde als Reisebegleiter geschlachtet und gelegentlich ein kleines

Paket mit Speisen vorbereitet. Am dritten Tag verbrannte man die Leiche, und die Seele brach in Gesellschaft des Hundes zur Reise auf.

Der Weg führte nach Westen und in die Erde hinunter. Unterwegs waren einige schreckliche Prüfungen zu bestehen, wie zum Beispiel die zusammenschlagenden Felsen: Zwei riesige Steine, die hin und wieder von den Seiten einer Höhle aus, durch welche die Seele wanderte, aufeinander zuschossen. Wenn die Seele zwischen sie geriet, bedeutete das das Ende: Sie wurde zerquetscht, zerbrochen und zerstört. War diese Gefahr bestanden, so kam der schmale Berggrat, über den die Seele balancieren mußte, in der Hoffnung, nicht nach der einen oder anderen Seite hinunterzustürzen. Hatte sie Erfolg, so kam sie nach drei Jahren der Wanderung ins Heim der Totengötter, wo das Leben glücklich weiterging, wo es gute Gesellschaft, viele Feste und Tanz gab. Während der Reise hatte der Tote auch den Wind der Messer durchschritten, wo scharfe Feuersteinklingen ihm alles Fleisch von den Knochen geschnitten hatten. Dieser Teil der Unterwelt war also von lebenden Skeletten bevölkert, die am Hof des großen Herrn der Toten, Mictantechutli, und seiner Gemahlin, der Göttin Mictlantecikuatl, Zeremonien und Feste begingen.

Es gibt keinen Bericht über den Glauben an eine Seelenwanderung, aber man scheint allgemein angenommen zu haben, daß es wenigstens für einige eine Auferstehung geben würde und daß die Seelen in der Unterwelt schließlich ihren Weg zum Mittelpunkt finden könnten, wo ständig ein Feuer brannte. Dieses zentrale Feuer läßt vermuten, daß die zurückkehrenden Seelen die Form von aufwärtsfliegenden Feuerfunken annahmen, so wie die abwärts fliegenden Funken Seelen waren, die vom Schöpfer kamen, um Gestalt anzunehmen.

Die mexikanische Unterwelt hatte also mehrere Abteilungen, und das Land der Toten scheint getrennte Daseinstadien umfaßt zu haben. Es gab ein besonderes Paradies für Säuglinge, die vor ihrer Entwöhnung gestorben waren: den »Himmel des Milchbaums«. Die kleinen Seelen kamen in ein Land, wo die Bäume Früchte in der Form von menschlichen Brüsten trugen: Diese nährten die Säuglinge, bis die Zeit kam, zur Erde zurückzukehren.

Das Jenseits bei den Guarayo-Indianern
(Bolivien)

Die bolivianischen Guarayo-Indianer gehen davon aus, daß die Seele des Verstorbenen nach ihrem Tod zwischen zwei Wegen wählen muß. Der eine ist schmal und gefahrvoll, und der andere ist breit und scheint ungefährlich zu sein. Wählt die Seele den einfachen Weg, ist sie verloren. Sie soll sich für den gefahrvollen, schwierigen entscheiden. Hat sie sich für den richtigen entschieden, dann muß sie zwei reißende Flüsse überqueren. Für den ersten Fluß steht ihr ein gewaltiger Alligator zur Verfügung, den zweiten kann sie auf einem langgestreckten Baumstamm überqueren. Danach muß die Seele alleine beim Licht eines angezündeten Strohhalms zwischen Felsen balancieren und ein dunkles Gebiet durchqueren. Ist es ihr gelungen, auch diesen Weg zu bewältigen, dann kommt sie in ein Paradies, in dem ewiges Leben herrscht und blühende, wohlduftende Blumen und wundervoll singende Vögel leben.

Der Tod der anderen

Memento

Vor meinem eignen Tod ist mir nicht bang.
Nur vor dem Tode derer, die mir nah sind.
Wie soll ich leben, wenn sie nicht mehr da sind?

Allein im Nebel tast ich todentlang
Und laß mich willig in das Dunkel treiben.
Das Gehen schmerzt nicht halb so wie das Bleiben.

Der weiß es wohl, dem gleiches widerfuhr;
Und die es trugen, mögen mir vergeben.
Bedenkt: den eignen Tod, den stirbt man nur,
Doch mit dem Tod der andern muß man leben.[70]

Mascha Kaleko

Das ist wohl das Schlimmste für uns Menschen überhaupt: der Tod der anderen. Es ist schwer, den Verlust eines geliebten Menschen zu verstehen, anzunehmen und dann das eigene Leben weiterzuleben. Es gibt aber auch Fälle, in denen der Tod bei den Hinterbliebenen mehr Freude als Trauer hervorruft.

Der Beweinte und der Unbeweinte
(Persien)

Ein leichtes Mädchen beobachtete einst von ihrem Fenster aus zwei Leichenzüge und sagte zu ihrem Liebhaber: »Ich bin sicher, daß die Seele des ersten im Himmel ist und die Seele des zweiten in der Hölle.« Doch er erwiderte: »Wie kannst du, ein leichtfertiges Mädchen, vorgeben, solche Dinge zu wissen, die nur ein Heiliger wissen kann!« Darauf erwiderte sie: »Ich weiß es aus der einfachen Tatsache, daß alle Leute, die dem ersten Sarg folgten, traurige Gesichter und Tränen in den Augen hatten, während diejenigen, die dem zweiten Sarg folgten, trockene Augen und fröhliche Gesichter hatten. Das beweist, daß der erstere liebevoll war und die Zuneigung vieler gewinnen konnte, darum darf er sicherlich in den Himmel kommen. Der andere kann niemanden geliebt haben, denn niemand trauert über seinen Tod.«[71]

Den Tod als Teil des Lebens zu akzeptieren, gelingt wohl nur den wenigsten Menschen. Wir verdrängen unseren eigenen Tod und den der anderen. Oft halten wir es für ungerecht, wie der Tod durch die Reihen geht und sich holt, wen immer er mag. Bei manchen alten Menschen, die ständig Schmerzen haben und sich quälen oder nur noch dahinvegetieren, denken wir, daß ihre Zeit gekommen ist. Wir sind froh, wenn ein solcher Mensch von seinem Leiden erlöst wird, daß Gott ihn zu sich nimmt oder daß er endlich zu seinen Ahnen hinübergehen kann. Wenn wir andererseits sehen, daß ein kleines Kind stirbt, noch bevor es wirklich gelebt hat, überkommt uns Verzweiflung und Trauer über eine solche scheinbare Ungerechtigkeit. Doch wer kennt schon die Gerechtigkeit Gottes?

Wer bestimmt die Zeit des einzelnen Menschen hier auf Erden?
Und ist die Zahl an Jahren, die ein Mensch hier auf Erden verbringt,
entscheidend für das, was er aus seinem Leben macht?

Auf den Tod eines kleinen Kindes
(Deutschland)

Jetzt bist du schon gegangen, Kind,
Und hast vom Leben nichts erfahren,
Indes in unsern welken Jahren
Wir Alten noch gefangen sind.

Ein Atemzug, ein Augenspiel,
Der Erde Luft und Licht zu schmecken,
War dir genug und schon zu viel;
Du schliefest ein, nicht mehr zu wecken.

Vielleicht in diesem Hauch und Blick
Sind alle Spiele, alle Mienen
Des ganzen Lebens dir erschienen,
Erschrocken zogst du dich zurück.

Vielleicht wenn unsere Augen, Kind,
Einmal erlöschen, wird uns scheinen,
Sie hätten von der Erde, Kind,
Nicht mehr gesehen, als die deinen.

Hermann Hesse[72]

Manchmal strahlen die Augen eines kleinen Kindes oder jungen Menschen mehr Weisheit aus als die Augen manch erwachsener, »reifer« Menschen. Gibt es nicht Menschen, die in jungen Jahren sterben, die aber viel intensiver und bewußter gelebt haben, als solche, die ein hohes Alter erreichen? Vielleicht wissen die Menschen, die früh sterben, unbewußt davon und nutzen die Zeit? Niemand scheint die Gesetze zu kennen, nach denen wir kommen und gehen.

In vielen Kulturen bedeutete der Tod eines kleinen Kindes auch den Verlust einer Arbeitskraft, und häufig verlieren die Eltern damit auch einen Teil ihrer Versorgung im Alter. Da ist es verständlich, daß gerade in »Entwicklungsländern« und bei Naturvölkern der Tod eines Kindes viel mehr Gewicht hat als in den Industrieländern.

Wenn ein Kind stirbt
(China)

Vor langer, langer Zeit, lebte im alten China einmal ein Kaiser aus einer großen Dynastie. Seine Familie war groß und reich an der Zahl. Das Glück schien ihm zur Seite zu stehen, denn alle waren gesund und von froher Menschennatur. Die hundertjährige Herrschaft seines Hauses stand bevor, und er war dabei, ein großes Fest dafür auszurichten. Es sollte in großem Ausmaß gefeiert werden, und da er ein großzügiger und beliebter Kaiser war, war die Zahl der Gäste, die zu seinem Feste kommen sollten, groß.

Er hatte von einem bekannten Meister gehört, der nicht nur die Kunst des Zen, sondern auch die des Dichtens beherrschte. Er sandte Boten aus und ließ diesen Meister an seinen Hof kommen. Als der Zen-Meister an seinen Hof kam, bat der Kaiser ihn, zum

Gedenken an die Hundertjährige Herrschaft seiner Familie ein Gedicht zu schreiben, in dem die lange und ausdauernde Herrschaft seiner Familie gewürdigt würde.

Nach einigen Wochen kehrte der Dichter zum Palast des Kaisers zurück. Und nachdem sie eine Zeitlang über das Leben am Hof und in der Provinz gesprochen hatten, zog der Zen-Meister feierlich sein Pergament aus seiner Tasche hervor und las: »Großvater stirbt, Vater stirbt, Kind stirbt.«

Der Kaiser, der etwas anderes erwartet hatte, wurde wütend, als er diese Zeilen hörte. Er drohte, dem Zen-Meister auf der Stelle den Kopf abzuschlagen. Der Dichter jedoch verneigte sich hochachtungsvoll und sprach: »Oh werter Kaiser, halte einen Moment ein. Dies ist keineswegs eine Verwünschung deines ruhmreichen Hauses, auch wenn es im ersten Moment so für dich klingt. Ich erteile dir durch diese Zeilen den größten Segen. Gibt es denn für ein Herrscherhaus wie deines einen größeren Segen, als den, daß jeder ein langes und erfülltes Leben führt, und daß dann die Ältesten zuerst sterben? Gibt es einen größeren Fluch für ein Haus, als daß zuerst ein Kind stirbt?«

Wie ist es für ein Kind, wenn es stirbt? Hat es den gleichen, langen Weg vor sich wie die Erwachsenen? Oder sterben Kinder anders? Die folgende Geschichte weiß es zu berichten:

Das Waisenkind Guanamby
(Südamerika)

Am südamerikanischen Amazonas gibt es Indianerstämme, die glauben, daß sich die Seele eines verstorbenen Menschen in einen Schmetterling verwandelt. Nach dieser Metamorphose fliegt sie von Blüte zu Blüte und stärkt sich mit dem Honig der verschiedensten Blumen, die in dieser Region wachsen. Sie stärkt sich, weil sie einen langen Weg vor sich hat, nämlich die Reise in den Himmel.

Coacyaba, eine weise Indianerfrau, die für ihr großes Herz bekannt war, wurde schon in jungen Jahren Witwe. Ihr Mann war im Dschungel von einem Jaguar getötet worden. Sie lebte zusammen mit ihrer einzigen Tochter Guanamby, die sie über alles liebte und die ihr Lebensinhalt war. Jeden Tag gingen die beiden über die Wiesen und schauten den Schmetterlingen zu, die in den Blüten saßen und sich am süßen Honig der Blumen labten. Mutter und Tochter liebten die Pracht der Blumen und Tiere. Aber innerlich war Coacyaba einsam und verzehrte sich nach der Liebe ihres verstorbenen Mannes. Sie konnte es nicht aushalten, ohne ihn zu leben, und so wurde sie immer schwächer. Als die Regenzeit ins Land kam, starb die Mutter und ließ ihre einzige Tochter zurück.

Guanamby, die jetzt ein Waisenkind war, lief jeden Tag zum Grab ihrer Eltern. Dort saß sie stundenlang und weinte und bat ihre Mutter, ihr in den Himmel folgen zu dürfen. Wie sollte es anders sein, als daß auch das Kind immer schwächer wurde und eines Tages starb. Die Seele von Guanamby war jedoch nicht in der Lage, ihrer Mutter in den Himmel zu folgen, und so versteckte sie sich in einem Blütenkelch neben dem Grab ihrer Mutter. Dort rief sie nach ihr: »Hilf mir, in den Himmel zu kommen.« Coacyabas Seele, die *von Blüte zu Blüte flog und sich am Nektar labte, hörte die flehende Stimme ihrer kleinen, vielgeliebten Tochter und versuchte ihr dabei zu helfen, ins Himmelreich zu kommen. Aber sie selbst hatte in der Gestalt eines Schmetterlings nicht genügend Kraft, um die Seele der Tochter in den Himmel hinaufzutragen.*

Coacyaba bat die Sonne um Hilfe. Sie bat: »Laß mich ein Vogel werden, daß ich meine Tochter in den Himmel bringen kann.« Da Coacyaba zu Lebzeiten eine gütige Frau gewesen war, wollte die Sonne ihr helfen, konnte den Wunsch aber nur zum Teil erfüllen. So wurde Coacyaba in einen winzigen Vogel verwandelt, der wie ein Schmetterling in der Lage war, Honig zu saugen. Sie wurde zu einem Kolibri. Jetzt war es ihr möglich, die Seele ihrer kleinen Tochter in den Himmel zu bringen.

Seit diesem Tag verwandelt sich die Seele eines verstorbenen Indianers aus dem Gebiet des Amazonas in einen Kolibri, wenn ein Indianerkind gestorben ist. Der Kolibri fliegt dann von Blüte zu Blüte, um die kleine Kinderseele zu finden und sie dann auf seinen Flügeln in den Himmel zu tragen. Denn, so wissen die Seelen der verstorbenen Indianer, die Seele eines Kindes hat nicht die Kraft, alleine in den Himmel zu kommen.

Es gibt auf der ganzen Welt immer wieder Menschen, die es nicht ertragen können, wenn ein anderer Mensch sie verläßt. Sie wollen einen Menschen besitzen und bevor sie ihn in die Freiheit entlassen, ist es ihnen lieber, daß er stirbt:

Von einem, der seine Frau wieder lebendig machte

Ein Rom und seine Rom-Frau lebten viele Jahre glücklich zusammen. Der Rom liebte seine Frau mehr als alles andere auf der Welt. Eines Tages traf ihn ein großes Unglück: Seine Frau starb. Nach einigen Tagen ging der Rom zu den Gadze und sprach: »Gadze, geht hin und begrabt meine Frau. Aber tut mir einen Gefallen: Laßt an ihrem Grab ein kleines Fensterchen offen.«

Die Gadze erfüllten ihren Auftrag und ließen am Grab der Frau ein Fensterchen offen. Der Rom setzte sich nun an das Grab seiner vielgeliebten Frau. Er saß dort Tag und Nacht und weinte bitterlich.

Eines Nachts sah er, wie ein kleiner Frosch und eine Schlange miteinander kämpften. Nach einigem Hin und Her gelang es der Schlange endlich, den Frosch zu töten. Bald darauf kamen die jungen Frösche und weinten bitterlich um den toten Frosch. Dies hörte der älteste Frosch, der mit den anderen zusammen am Weiher lebte. Er kam, nahm eine Rute und schlug dreimal auf den toten Frosch ein. Mit dem dritten Schlag wurde der tote Frosch wieder lebendig und lief fröhlich quakend davon, als wäre nichts geschehen.

Als der Rom dies sah, ergriff er schnell die Rute, öffnete das Fensterchen zum Grab seiner toten Frau und schlug dreimal auf sie ein. Und genau wie der Frosch, so wurde auch sie beim dritten Schlag wieder lebendig. Glücklich gingen die beiden nach Hause.

Am nächsten Morgen sagte die Frau zu ihrem Mann: »Laß uns von hier fortgehen, denn hier ist niemand, der uns unser Glück gönnt.« So machten sie sich auf den Weg und zogen fort aus dem Ort, der ihnen Unglück beschert hatte. Nachdem sie den ganzen Tag gegangen waren, kamen sie in der Abenddämmerung in eine Stadt, wo überall Fahnen aus den Fenstern hingen. Als ihnen ein Gadzo über den Weg lief, erkundigten sie sich bei ihm: »Wer ist gestorben, daß die ganze Stadt in Trauer ist?« Der Gadzo antwortete ihnen: »Die Tochter des Königs ist gestern nacht gestorben.«

Der Rom bat den Gadzo: »Führe mich bitte zu dem König und seiner toten Tochter.« Der Gadzo antwortete mit den Worten: »Das kann ich gerne tun, aber ich glaube nicht, daß der König in seiner Trauer einen Fremden empfangen will.« Sie machten sich auf den Weg, und als es dem Rom gelungen war, beim König Gehör zu erlangen, da sprach er: »Ich kann deine Tochter wieder zum Leben erwecken.«

»Wie willst du das machen? Denn wenn es Gottes Wille war, daß sie stirbt, dann wird sie kein Mensch wieder zum Leben erwecken können.« »Doch«, sagte der Rom mit siegessicherer Stimme. »Ich werde sie wieder zum Leben erwecken.« Der König blieb ungläubig und sprach: »Wenn du es wirklich kannst, dann gehe hin und mache sie wieder gesund. Wenn es dir wirklich gelingt, dann erfülle ich dir jeden Wunsch. Sollte es dir aber nicht gelingen, dann wirst du mit deinem Leben zahlen müssen.«

Der König ging zusammen mit dem Rom in das Zimmer, in dem die tote Königstochter aufgebahrt lag, und sprach: »Du kannst dein Glück versuchen und tun, was immer du glaubst, was sie wieder zum Leben erwecken wird.« Mit diesen Worten schloß der König die Türe und ließ den Rom mit seiner toten Tochter alleine in dem Zimmer zurück. Der Rom nahm die Rute und schlug damit dreimal auf die Königstochter ein. Und wie der Frosch und seine eigene Frau, so wurde auch sie beim dritten Schlag wieder lebendig. Schöner als jemals zuvor erhob sie sich, und da rief der Rom den König.

Der König, außer sich vor Freude, fragte den Rom: »Wie kann ich dir jemals danken? Welchen Wunsch du auch immer hast, ich werde alles tun, um ihn dir zu erfüllen.« Der Rom jedoch antwortete: »Ich verlange nichts von dir.« Und mit diesen Worten nahm er seine Frau bei der Hand, verabschiedete sich vom König und seiner Tochter und zog davon.

Während die beiden des Weges gingen, kam ihnen ein reicher Herr entgegen und fragte die Frau des Rom: »Könntest du bei mir dienen?« Sie war erstaunt über die Frage des Fremden und fragte ihn: »Wer bist du und was soll ich für dich tun?« Der Fremde, der sich beim ersten Anblick in die Frau des Rom verliebt hatte, antwortete ihr: »Ich bin der Polizeipräsident dieser Region, und es wäre gut, wenn du mir die Wäsche waschen könntest.«

Auch die Frau des Rom hatte vom ersten Anblick an Gefallen an dem Fremden gefunden, und so fragte sie ihren Mann: »Kann ich gehen? Darf ich diese Arbeit annehmen?« Der Rom hingegen sprach: »Ich glaube, es ist besser, wenn du nicht gehst. Ich werde schon das Geld für uns verdienen.« Sie jedoch wollte die Arbeit annehmen, und so kam es, daß sie ins Haus des Polizeipräsidenten zogen und sie ihm täglich die Wäsche wusch.

Die beiden verliebten sich sehr ineinander und hegten den Wunsch, ungezwungen zusammenzuleben. Darum überlegten sie, wie sie den Rom loswerden könnten. Eines Morgens hatte der Polizeipräsident eine Idee: »Du nimmst heute abend meine goldene Tasse und steckst sie deinem Mann in die Tasche, wenn er schläft. Wenn wir die Tasse dann morgen bei ihm finden, dann kann ich ihn verhaften und ihn hinrichten lassen.« Die Frau war einverstanden, nahm die goldene Tasse und steckte sie in die Tasche ihres Mannes.

Am nächsten Morgen hörte man die Rufe des Polizeipräsidenten überall: »Wer hat meine goldene Tasse gestohlen?« Alle schwiegen, und so sprach er: »Dann muß ich jeden einzelnen hier durchsuchen.« Er selbst ging hin und durchsuchte alle, die in seinem Haus lebten, persönlich. Als er die Tasse in der Tasche des Rom fand, war er außer sich vor Wut und sprach: »Ich gebe euch ein Zimmer und deiner Frau Arbeit. Warum hast du meine Tasse gestohlen?« Der Rom wußte nicht, wie ihm geschah, denn er war unschuldig, und bevor er etwas zu seiner Verteidigung sagen konnte, ließ der Polizeipräsident ihn verhaften und in eine Zelle bringen. Dort sollte er auf seine Hinrichtung warten, die am nächsten Morgen vollzogen werden sollte. Den Gendarmen, die ihn in die Zelle brachten, sagte er: »Ich kenne euch nicht, aber ich habe eine Bitte. Ihr könnt mich ruhig töten, denn es ist eure Pflicht, dem Befehl eures Polizeipräsidenten zu gehorchen. Aber ich bitte euch. Nachdem ihr mich morgen getötet habt und meinen Körper wegbringt, nehmt bitte meine Rute, und schlagt mich dreimal damit. Dann werde ich wieder lebendig werden, denn ihr wißt ja selbst, daß ich nicht schuldig bin.«

Die Gendarmen taten, wie der Rom ihnen aufgetragen hatte, und er wurde wie die anderen Toten wieder lebendig. Der Rom fühlte sich stärker als je zuvor, nahm seine Rute und zog weiter des Weges.

Eines Tages gelangte er in eine Stadt, in der wieder einmal die Trauerfahnen hingen. Auch hier war die Tochter des Königs vor einigen Tagen gestorben. Die ganze Stadt trauerte. Auch hier gelang es dem Rom, vor den König zu treten und ihm zu versichern, daß er seine verstorbene Tochter wieder zum Leben erwecken würde. Auch dieses Mal schlug er die Tote mit der Rute, und auch dieses Mal wurde sie beim dritten Schlag wieder lebendig.

Auch dieses Mal wollte der König dem Rom Dank erweisen und fragte ihn: »Wie kann ich mich dafür dankbar zeigen, daß du meine Tochter zum Leben erweckt hast?« Dieses Mal hatte der Rom eine

Bitte: »Laß alle deine Polizeipräsidenten mit ihren Frauen hier vor uns erscheinen. Damit würdest du mir einen sehr großen Gefallen erweisen.« Der König freute sich, etwas für den Rom tun zu können, und antwortete: »Mache dir keine Sorgen, ich werde sie alle hierherkommen lassen, genauso wie du es wünschst.«

So kam es, daß einige Tage später alle Polizeipräsidenten der ganzen Region, aus allen Städten und Dörfern, an den Hof kamen, so wie der König es befohlen hatte.

Sie alle waren im Innenhof versammelt, der Rom sah sie sich alle genau an und erkannte seine Frau unter ihnen. Er stellte sich verkleidet vor die Versammelten und fragte: »Hört zu. Was würdet ihr mit einer Frau tun, die jemanden umbringen läßt, der völlig unschuldig ist?« Es entstand ein großes Gemurmel und man begann zu diskutieren, bis plötzlich eine Frau aufsprang und sagte: »So etwas Schreckliches würde ich bestrafen. Eine so schändliche Frau verdient den Tod. Ich würde ihr ein Hemd aus Wachs anfertigen und sie dann in einem Feuer brennen lassen.« Die Frau, die diesen Vorschlag machte, war seine eigene Frau.

Und so sprach der Rom: »Weib, du hast gerade dein eigenes Todesurteil gesprochen.« Er zog die Kutte, die sein Gesicht verdeckt hatte, aus und sprach zu ihr: »Du warst einmal meine Frau und hast dich in diesen Polizeipräsidenten verliebt. Du hast ihn aufgehetzt, mich zu töten. Doch du weißt, daß man mich nicht so schnell töten kann. Und so stehe ich nun lebendig vor dir. Du wolltest damals mein Leben, und jetzt will ich das deine.«

Der Rom zog ihr ein Wachshemd an und ließ sie vor allen Leuten im Innenhof des Königspalastes verbrennen. Als das Feuer ihre Brust erreichte, sprach sie zu dem Rom: »Lösche dieses Feuer, damit es nicht die Brust verbrennt, die einst dein war und die du so viele Male liebkost hast.« Der Rom aber antwortete ihr mit kalter

Stimme: »Jetzt wird deine Brust niemandem mehr gehören und auch niemand mehr wird sie liebkosen.«

Als die Flammen bis zu ihren Wangen züngelten, da flehte sie: »Lösche das Feuer, denn du hast diese Wangen so oft liebkost und geküßt! Diese Wangen gehörten einmal dir!« Auch dieses Mal blieb der Rom ohne jegliche Regung und sprach: »Diese Wangen werden niemanden mehr gehören.«

Die ganze Frau verbrannte und wurde zu Asche. Der Rom nahm seine Rute und zog des Weges.

Um die Toten trauern

Wie sollen wir mit unserer Trauer umgehen, wenn jemand gestorben ist? Die einen sagen, man darf nicht zu lange trauern, die anderen halten es für ganz wichtig, sich dem Trauerprozeß ganz hinzugeben. Auch hier gibt es nicht nur Unterschiede zwischen den einzelnen Menschen, sondern auch die verschiedenen Kulturen definieren Trauer jeweils in ihrer eigenen Art und Weise. Für uns ungewöhnlicher ist die Art, wie die Griechen mit der Trauer umgehen.

Elenis Tod
(Griechenland)

Im ländlichen Griechenland, in Potamina in Nord-Thessalien, gibt es noch viele alte Übergangsriten. Hier werden die Totenrituale sowie die Trauergebräuche in erster Linie von den Frauen ausgeführt. Die Art und Weise, wie der Tod eines Menschen Einfluß auf das gesamte Leben der Dorfgemeinschaft hat, wirkt auf uns, die von jenen nur zweitausend Kilometer entfernt leben, völlig archaisch. Dabei gab es in Deutschland früher einmal wahrscheinlich ähnliche Rituale.

Nach dem Tod eines Menschen binden Nachbarinnen und entfernte weibliche Verwandte die Füße der Verstorbenen zusammen, sie binden den Unterkiefer hoch, schließen die Augen und bedecken den Leib bis zur Taille mit einem weißen Leinentuch. Während diese Frauen den Körper der Toten waschen und bekleiden, gibt sich der nahe Verwandtenkreis seinem ganzen Trauerschmerz hin. Die Frauen weinen laut und singen traditionelle Klagelieder, die sie später beim Begräbnis wiederholen. In dieser Region sind es in erster Linie alte Frauen, die diese Klagelieder kennen und singen. Es sind die gleichen Lieder, die auch auf Hochzeiten gesungen werden, da beide Anlässe Übergänge in einen anderen Zustand darstellen und gleichzeitig einen Abschied beinhalten. Die Hochzeit ist für die Familie in gewisser Weise ein trauriger Anlaß, da die Frau das Haus verläßt, aus dem Zusammenleben gerissen wird, um eine neue Existenz zu beginnen.

Zwischen Tod und Beerdigung wachen die Frauen bis zu vierundzwanzig Stunden bei dem Leichnam, singen Klagelieder und empfangen die Beileidsbesuche. Dabei spielt die Kleidung eine wichtige Rolle: Die Trauerkleidung ist schwarz, von Kopf bis Fuß, auch Stirn, Haare und Hals sind bedeckt. Wie lange eine Frau nach dem Tod Schwarz tragen muß, hängt vom Verwandtschaftsgrad ab. Bleibt eine Frau Witwe, dann muß sie den Rest ihres Lebens Schwarz tragen. Heiratet sie wieder, dann ist sie mit der Heirat von der Trauerkleidung befreit. Stirbt ein Kind, dann muß die Mutter fünf Jahre lang Trauerkleidung tragen. Auch kann man in dieser Region nicht gerade von »lustigen Witwen« sprechen. Sie führen ein völlig zurückgezogenes Leben, dürfen nicht zum Einkaufen gehen, geschweige denn an Hochzeiten oder Taufen teilnehmen. Ihre einzige Aufgabe besteht darin, auf Totenfeiern anderer Leute ihre Trauer auszudrücken.

Die trauernden Frauen sind völlig vom Leben abgeschnitten. Sie sind von der Gesellschaft isoliert, weil sie Kontakt zur Welt der Toten haben. Diese Isolation und das Ausgeschlossensein vom Leben spiegelt in gewisser Weise den Zustand der Toten wider – auch sie sind vom Leben und den Lebenden abgeschnitten.

Die Pflichten, die nahe Verwandte haben, gehen weit über den Tod hinaus und enden nicht mit der Bestattung des Leichnams, wie der Fall der einundzwanzigjährigen Eleni zeigt, die bei einem Unfall ums Leben kam.

Die Mutter hatte das Mädchen in ihrem Hochzeitskleid und einer Hochzeitskrone bestattet, die sie als Lebende nicht mehr tragen konnte. Nach dem Tod ihrer Tochter blieb die Mutter ein Jahr lang zu Hause. Sie verließ das Haus lediglich morgens und abends, um zum Friedhof zu Elenis Grab zu pilgern. Schwarz gekleidet nahm sie auch die folgenden Jahre lediglich an Trauerfeiern teil. Selbst als ihre andere Tochter heiratete, nahm sie nicht an der Vermählung teil und verbot jegliches Tanzen und Singen.

Nach fünf Jahren war es nun ihre Aufgabe, das Grab zu öffnen, die Überreste der Verstorbenen auszugraben und den Marmorstein für den nächsten Verstorbenen aus dem Dorf zur Verfügung zu stellen. Diese Zeremonie sieht folgendermaßen aus:

Während mehr als hundert Frauen um das Grab versammelt sind und jammern und schreien, graben zwei Frauen mit Schaufeln die Überreste der Verstorbenen aus. Wenn der Schädel ausgegraben wird, legt jemand Papiergeld auf ihn und reicht ihn an die Mutter weiter, die den Totenschädel küßt, noch mehr Papiergeld auf ihn legt und in ein Kopftuch einwickelt. – Dies ist eine weitere Parallele zwischen dem Übergangsritus bei Hochzeit und Tod: Auch Neuvermählte werden am Kopf geküßt, und man steckt Geldscheine an ihre Kleidung. – Während die Mutter den Totenschädel in ihren Armen wiegt und weint, werden weitere Knochen geborgen und in eine Kiste gelegt. Nachdem der Schädel in der Menge umherge-reicht wurde und zusammen mit Münzen in die Kiste zu den Überresten gelegt wird, verabschieden sich die Dorfbewohner bei der Mutter mit den Worten: »Du hast sie gut empfangen.« Es sind die gleichen Worte, die gesprochen werden, wenn jemand nach langer Abwesenheit zurückkehrt. Die Überreste der Toten werden anschließend in ein Beinhaus gebracht, und die Mutter schüttet das Grab ihrer Tochter zu. Damit ist der fünfjährige Trauerzyklus abgeschlossen, und die Mutter kann ins Leben zurückkehren.[73]

»Die Zeit heilt alle Wunden.« Ein schlichter Spruch, der aber äußerst zutreffend ist. Manchmal muß man einfach die Zeit verge-hen lassen, bis man den Tod eines Menschen, den man liebt, verarbeitet hat. Die Shona in Simbabwe gestehen sich keine Trauer zu: Sie versuchen, ihre Trauer völlig zu unterdrücken und keine einzige Träne zu vergießen. Ist ein Kind im Fluß ertrunken, glauben sie, daß der Wassergeist »nsusu« es in seinen Schutz genommen hat. Schaffen es die Eltern, keine einzige Träne zu vergießen und daran zu glauben, daß ihr Kind gut bei nsusu aufgehoben ist, kommt es eines Tages wieder – so glauben es zumindest die Shona. Die Hoffnung auf ein Wiedersehen scheint diese Menschen tatsächlich dazu zu befähigen, nicht zu weinen und alle Trauer zu verdrängen. Sie warten auf ihr Kind, bis sie eines Tages merken, daß es wahr-scheinlich noch lange dauern wird, bis es zu ihnen zurückkehrt. Dann ist die schlimmste Trauer schon vorbei.

Früher oder später kehren wohl die meisten Trauernden, egal zu welcher Kultur sie gehören, zum Leben zurück.

220

Das Leben ist stärker als der Tod
(Kurdistan)

Es lebte einst Iskander Sukurna. Er war noch nicht sonderlich alt, aber oftmals krank gewesen, und als er merkte, daß der Tod ihn holen wollte, da rief er seine Freunde und sprach zu ihnen: »Meine Zeit ist gekommen und ich werde bald sterben. Wenn ich tot bin, kleidet mich in meinen besten Anzug und legt meinen Körper auf eine Totenbahre. Laßt meine rechte Hand herunterhängen. Dies ist ein Zeichen für meine Mutter, daß ich eines natürlichen Todes gestorben bin, und sie meinen Tod nicht rächen muß.«

Bald schon kam der Tag, an dem Iskander starb. Er wurde in seinen schönsten Anzug gekleidet, auf die Bahre gelegt, und seine rechte Hand hing herunter. Man richtete ihm sein Totenlager in seinem Zimmer und schickte nach seiner Mutter, ohne deren Beisein Iskander nicht begraben werden sollte. Als sie kam, sah sie die rechte Hand als Zeichen eines normalen Todes und sprach zu den Freunden: »Auf der Erde ist nichts von Dauer. Alles, was geboren wird, muß auch wieder sterben.« Dann sagte sie mit Tränen in den Augen: »Ich erlaube nicht, daß ihr meinen Sohn jetzt beerdigt. Ich werde in seinem Zimmer Totenwache halten.« Sie nahm einen Stuhl und setzte sich ans Kopfende der Totenbahre, um bei ihrem toten Sohn Wache zu halten.

Die Freunde waren besorgt: »Was sollen wir nur tun? Wie lange will die Alte jetzt an seinem Kopfende Wache halten? Wenn die Mutter nicht erlaubt, daß wir Iskanders Körper begraben, wird er bald anfangen zu stinken und zu verfaulen.«

Sie konnten nichts machen. Sie hängten über dem Leichnam einen Korb mit Brot, frischem Obst und einen Krug mit Wasser auf.

Dann verließen sie den Raum und ließen die Mutter des Verstorbenen alleine. Die Tage kamen und gingen. Der Sommer wurde immer heißer, und die Leute im Dorf fingen an, sich Sorgen um das Wohl der Mutter zu machen. Die Frau hingegen fühlte zuerst ihren Schmerz und spürte, wie schwer es ihr fiel zu akzeptieren, daß alles was kommt auch gehen muß. Sie spürte aber neben dem Schmerz auch zunehmend Hunger und Durst. Und je länger sie Totenwache hielt, desto größer wurde dieses Verlangen.

Nach einigen Tagen hob sie ihren Blick vom Leichnam und sah sich im Zimmer um. Da erblickte sie den Korb mit dem Brot, dem Obst und dem Krug mit dem Wasser, der über dem Toten hing. Sie türmte Polster und Decken auf den Leichnam ihres Sohnes und kletterte hinauf, um an den Korb mit den Lebensmitteln zu kommen. Danach trank und aß sie. Als sie fertig gegessen hatte, öffnete sie die Zimmertüre, ging zu den Freunden des Verstorbenen und sagte: »Ihr könnt meinen Sohn jetzt begraben. Das Leben ist stärker als der Tod!«

Ist die Trauer, die wir über den Tod eines anderen Menschen empfinden, nicht auch ein Ausdruck der Angst vor unserem eigenen Tod? Wird uns mit dem Tod eines anderen Menschen nicht auch wieder die eigene Sterblichkeit bewußt? Ein weiterer Teil der Trauer hat bestimmt auch einen ganz egoistischen Aspekt: nämlich, daß der Tote für uns nicht mehr da ist. Er hat uns verlassen. Oftmals sagen wir, wie schade es für den Verstorbenen war, daß er jetzt schon sterben mußte. Aber woher wollen wir wissen, daß der Verstorbene leidet, daß es ihm schlecht geht und daß es schade für ihn ist, weil er ja noch so vieles zu erledigen hatte?

Die Geschichte von der Totenbeweinung
(Indien)

Vor langer, langer Zeit regierte König Brahmadatta in Benares. Zu dieser Zeit wurde ein Bodhisattva in eine sehr reiche Kaufmannsfamilie wiedergeboren. Als er zum Jüngling herangewachsen war, starben seine Eltern, die ihn von ganzem Herzen geliebt hatten. Nach dem Tod der Eltern mußte der ältere Bruder des Bodhisattva die Familie versorgen. Nach einigen Jahren starb auch der Bruder an einer bösen Krankheit. Die Verwandten, Freunde und Anwohner des Dorfes versammelten sich im Haus des Bodhisattva, um zu trauern. Sie erhoben jammernd die Arme, klagten und weinten und waren von Leid und Kummer der Familie tief berührt.

Der Bodhisattva saß unter ihnen, war aber der einzige, der nicht klagte und weinte. Die Verwandten verstanden ihn nicht und hielten ihn für herzlos. Sie tadelten ihn und sprachen unter sich: »Seht euch nur diesen Menschen an! Seine Eltern sind gestorben und jetzt auch sein Bruder. Und was tut er? Er verzieht nicht einmal den Mund! Wie kalt und hartherzig muß er in seinem Innersten sein! Er denkt wohl nur daran, daß er jetzt alles erben wird! Und er schaut ganz so aus, als hätte er den Tod des Bruders herbeigesehnt, um den Hof bald für sich alleine zu besitzen.« Zu ihm gewandt sprachen die Verwandten: »Du beweinst nicht einmal deinen Bruder?«

Der Bodhisattva wußte, was in den Menschen vorging und antwortete: »Ihr weint und beklagt den Tod meines Bruders, weil ihr in eurer Verblendung und Torheit die acht weltlichen Eigenschaften nicht kennt. Wird nicht der Tag kommen, an dem auch ich sterben werde? Und wird nicht ein anderer Tag kommen, an dem ihr selbst sterben werdet? Warum vergießt ihr dann nicht auch Tränen für *euch selbst? Und sind die Tränen, die ihr hier vergießt, nicht Tränen über eure eigene Vergänglichkeit? Alles, was entsteht, vergeht. Nichts, was einmal geschaffen wurde, kann auf alle Ewigkeit bestehen bleiben. Soll ich etwa nur deshalb weinen, weil ihr so blind seid und diese Wahrheit nicht erkennt und deshalb weint?«*

Und nach diesen Worten sprach er folgende Verse zu seinen Verwandten:

> *»Ihr beklagt nur den, der schon wirklich tot ist.*
> *Doch ihr beklagt nicht den, der sterben wird.*
> *Alle Wesen, die hier auf dieser Erde wandeln*
> *und in Körperhüllen stecken,*
> *verlassen nacheinander dieses Leben.*
> *Götter, Menschen und Tiere.*
> *Aber auch Insekten, die Vogelscharen,*
> *sowie die mächtigen Schlangen.*
> *Sie alle erfreuen sich noch des Körpers, der vergänglich*
>   *ist.*
> *Und für alle wird der Tag kommen,*
> *an dem sie aus diesem Leben scheiden müssen.*
>
> *Wenn einem jedoch bewußt wird, wie unbeständig doch*
> *des Menschen Freude und Leid sind,*
> *und wenn man bedenkt, wie vergänglich alles ist,*
> *dann scheinen Klagen und Weinen nutzlos zu sein.*
> *Warum laßt ihr euch vom Kummer erdrücken,*
> *statt euch der Vergänglichkeit bewußt zu sein*
> *und den Moment zu leben?*

Die Sünder, die Verbohrten und die Dummen,
die glauben, daß sie große, starke Helden sind,
sie halten einen weisen Mann für töricht und hartherzig,
nur weil sie selbst die Wahrheit nicht erkennen können.«

Mit diesen Worten verkündete der Bodhisattva die Wahrheit von der Vergänglichkeit. Er öffnete den Verwandten, Freunden und Bewohnern des Dorfes die Augen für die Wahrheit von der Vergänglichkeit aller Dinge und befreite sie aus ihrem Kummer.

Die Toten gehen lassen

Die Rituale, die für die Toten bestimmt sind, nehmen bei vielen Völkern eine zentrale Stelle ein. Zum einen sollen sie den Verstorbenen sicher ins Reich der Toten bringen, zum anderen dienen sie dem Schutz der Menschen, die weiterleben. Wie wichtig es ist, sich von einem Verstorbenen zu lösen, zeigt das folgende Märchen, das bei den Pawnee-Indianern erzählt wird.

Der Besuch im Geisterland
(Nordamerika)

Es war einmal ein Dorf. In diesem Dorf lebte ein Paar, das sehr glücklich zusammen war. Die Frau war wunderschön, und der Mann liebte sie über alles. Während er auf der Jagd war, dachte er viel an sie und war bemüht, ihr die schönsten Felle und das beste Fleisch zu bringen. Nach einem Jahr schon bekamen sie einen Sohn, den sie Schwarzer Rabe nannten. Sein Haar und seine Augen waren

*wirklich kohlrabenschwarz. Sein Gesicht war fein, und sein Gang
schon in frühen Jahren stolz.*

*Als Schwarzer Rabe zwölf Jahre alt war, starb seine Mutter. Vater
und Sohn waren zutiefst betrübt. Nach einer Weile starb dann auch
Schwarzer Rabe. Dem Mann war, als wäre mit dem Tod des Sohnes
sein Herz endgültig gebrochen. Er wußte nicht, was er tun sollte;
ob er sich umbringen oder ob er fortgehen sollte. Er trauerte einen
ganzen Monat am Grab des Kindes, und dann streifte er quer durch
die Prärie. Er lief ziellos umher, bis er nach einiger Zeit in eine
bewaldete Gegend kam, die ihm völlig unbekannt war. Er hatte Pfeil
und Bogen bei sich.*

*Als er tiefer in den Wald hereinkam, hörte er plötzlich Stimmen
und Leute, die in seiner eigenen Sprache redeten. Erstaunt blieb er
stehen und schaute den Leuten zu. Einer der Männer kam auf ihn
zu und sagte: »Schaut euch das an, was für ein wunderschöner
Baum! Er sieht aus wie ein Mensch.« Der Mann blieb wie angewur-
zelt stehen, und die anderen kamen und sagten: »Wirklich, das ist
ein wunderschöner Baum. Schaut her, er hat Augen, eine wohlge-
formte Nase und dichtes Haar! Und einen Köcher mit Pfeil und
Bogen hat er auch.«*

*Als der Mann das hörte und jene näher betrachtete, die ihn für
einen Baum hielten, erkannte er, daß es sich um Verstorbene aus
seinem eigenen Dorf handelte. Erstaunt rief er aus: »Ich dachte,
ihr wärt alle tot! Statt dessen wandert ihr gemeinsam durch das
Land!«*

*Kaum hatte er die Worte gesprochen, da rannten die anderen
erschreckt davon, und er konnte gerade noch hören, wie einer rief:
»Jetzt hat er mich gefangen!« Und ein anderer, der sich im Gestrüpp
verheddert hatte, rief: »Er hat meinen Fuß erwischt.« Sie rannten
schnell und stellten fest, daß sie diesem Mann gerade noch entkom-*

men waren. Der Mann war jedoch die ganze Zeit hinter ihnen hergelaufen und holte sie wieder ein. Sie liefen erneut vor ihm weg und verschwanden hinter einem Hügel.

Da es schon spät am Nachmittag war, und der Mann sich im Wald nicht auskannte, überlegte er sich, sie zu suchen, um bei ihnen zu bleiben. Und so kam es, daß er zu der Stelle fand, an der sie verschwunden waren, und unter dichtem Gestrüpp fand er einen Eingang zu einer Höhle, in der sie sich wohl aufhielten. Er krabbelte hinein und sah die Verstorbenen aus dem Dorf in der Höhle sitzen. Er kannte den Anführer. Er war schon zu Lebzeiten ein guter Kriegsführer gewesen und schien auch hier alles unter seiner Obhut zu haben. Er hatte zu Kriegszeiten das heilige Bündel getragen. Als der Mann sie genauer betrachtete, erkannte er, daß sie verloren waren. Der Feind mußte sie angegriffen und skalpiert haben. Er saß im Dunkeln da, und ihr Anblick machte ihm große Angst. Plötzlich drehte sich einer der Verstorbenen um und erkannte ihn in der dunklen Ecke: »Da ist er!« rief er erschreckt.

Da legten sie sich plötzlich alle hin: einer auf den anderen, so wie man Felle aufeinanderlegt. Der Anführer saß mit dem heiligen Bündel da und rief: »Jetzt seid mal alle ganz ruhig. Dieser Mann ist von unserem Stamm, und deshalb braucht ihr euch nicht zu sorgen. Steht auf und macht Feuer, und jeder geht an seinen Platz im Kreis zurück.«

Als sich endlich alle beruhigt hatten und jeder seinen Platz im Kreis eingenommen hatte, fragte er den Mann: »Was willst du von uns?«

»Ich habe meine Frau und meinen Sohn verloren«, begann der Mann und wurde sofort wieder traurig. »Ich alleine bin übriggeblieben. Ich habe so sehr um die beiden getrauert und kann ohne sie nicht leben. Ich habe jeden Tag darum gebetet, dorthin zu kommen, wo sich meine Frau und mein Sohn aufhalten. Und so bin ich in den Wald gekommen. Ich wäre sehr froh, wenn ich bei euch bleiben könnte, denn ich weiß nicht mehr, was ich bei meinem Stamm soll.«

Der Anführer ließ den Mann erzählen und sagte dann: »Ich kann dich gut verstehen, aber bei uns kannst du leider nicht bleiben, denn wir sind tot. Wir sind Geister und sollten schon längst im Geisterland sein. Daß wir immer noch hier herumlaufen, hat mit dem heiligen Bündel zu tun. Wir sind überfallen und skalpiert worden. Tirawa hat unsere Geister freigelassen, damit wir zu unserem Volk zurückwandern können, um ihnen das heilige Bündel zurückzugeben. Bruder, wie froh ich bin, daß du zu uns gekommen bist. So können wir dich die Zeremonie des Bündels lehren. Dann kannst du wieder zu deinem Volk zurückkehren, du kannst ihnen erzählen, was du erlebt hast und daß du den Beutel mit der heiligen Medizin wiedergefunden hast.«

Der Mann blieb lange Zeit sitzen und hörte sich die Worte des Anführers an. Er wußte, daß er zu einem wichtigen Medizinmann würde und ihm eine wichtige Stellung im Stamm zufallen würde, wenn er jetzt mit dem heiligen Bündel zu seinem Dorf zurückgehen würde. Nach langer Überlegung sagte er: »Liebe Leute, ich bin arm im Herzen. Ich kann leider nicht annehmen, was du mir gerade angeboten hast, denn ich habe mich nach dem Tod meines Sohnes entschieden, nicht mehr in mein Dorf zurückzukehren. Und wenn ich meinen Sohn, Schwarzen Raben, nicht wiedersehe, dann habe ich nur den einen Wunsch: zu sterben.«

Darauf stand er auf und sprach: »Brüder, habt doch Mitleid mit mir. Ich sehne mich doch nur danach, meinen Jungen wiederzusehen. Bitte nehmt mich doch mit ins Geisterland, damit ich meinen Sohn sehe. Ich kann das Bündel nicht zu meinem Volk zurückbringen. Ich bin dabei nicht glücklich und könnte meinem Volk somit nicht von Nutzen sein.«

Er ging zum Anführer, faßte ihn an beide Arme und sprach: »Bitte, habt doch Mitleid mit mir.«

Der Anführer konnte den ganzen Schmerz des Mannes spüren und saß eine Weile mit gesenktem Kopf da. Dann stand er auf, nahm das heilige Bündel, holte Süßgras hervor und warf es ins Feuer. Er nahm alle Dinge, die sich im Beutel befanden, legte sie auf den kleinen Altar, damit die Götter sie sehen konnten, und sprach: »Meine Brüder, ich kann den Schmerz dieses Mannes spüren und ich schätze seine aufrichtige Suche, die seine wahre Liebe für seinen Sohn zeigt. Ich möchte ihm helfen hierzubleiben. Deshalb werde ich zu den Göttern im Westen gehen und sie bitten, mit dem Mann Mitleid zu haben. Ich selbst habe großes Mitleid mit ihm, denn ich spüre, wie sein Herz blutet. Ich denke, daß die Götter ihm auch helfen wollen.«

Sobald er diese Worte gesprochen hatte, war er auch schon verschwunden.

Schließlich hörten sie, wie sich der Wind senkte und der Anführer wieder vor ihnen stand. Er ging zum heiligen Bündel, nahm Tabak heraus und verbrannte ihn als Opfer für die Götter im Feuer. Dann sprach er, indem er sich an den Mann wandte: »Alle Götter haben bei Tirawa vorgesprochen, und dieser hat zugestimmt, daß die Leute aus dem Geisterland zu den Lebenden kommen dürfen, um sie zu sehen. Sie dürfen vier Tage und vier Nächte bei ihnen lagern. Aber Tirawa hat eine Bedingung gestellt: Die Lebenden und die Toten dürfen nicht zusammen sprechen. Man erlaubt dir, bei deinem Sohn zu sein, aber auch für dich gilt: Du darfst nicht mit deinem Sohn sprechen oder ihn berühren. Die Geister, die dann bei ihren Verwandten bleiben wollen, und die Lebenden, die dann mit ins Gei-

*sterland gehen wollen, können dies nach den vier Tagen tun. Und
nun geh zurück in dein Dorf und gib deinen Leuten Bescheid. Sage
ihnen, daß sie in der Nähe ein Lager aufschlagen sollen.«*

*Der Mann war glücklich wie schon lange nicht mehr. Er ging
noch in derselben Nacht fort, um die Nachricht an sein Volk weiter-
zugeben. Was da eigentlich vor sich ging, konnte er nicht richtig
verstehen, er dachte aber auch nur daran, daß er bald seinen Sohn
wiedersehen würde. Schon am nächsten Morgen erreichte er sein
Dorf. Das ganze Dorf wurde zusammengerufen, und er berichtete
den Bewohnern des Dorfes, was sich ereignet hatte, und daß diese-
nigen, die ihre verstorbenen Freunde oder Verwandten wiedersehen
wollten, sich zum Aufbruch bereitmachen sollten.*

*Am nächsten Tag schon brach der ganze Stamm zusammen auf,
denn jeder sehnte sich danach, Freunde und Verwandte wiederzusehen. Sie gingen Richtung Süden, bis sie den Wald erreichten, wo
sie ihr Lager aufschlugen.*

*Der Mann ging in das Lager der Geister, wo man ihm sagte, daß
die Toten schon unterwegs seien und am nächsten Morgen eintreffen
würden. Der Mann ging zu seinem Volk zurück, und viele zeigten
sich äußerst mißtrauisch.*

*Am nächsten Morgen trafen die Lebenden ihre Vorbereitungen,
um ihre toten Verwandten und Freunde wiederzusehen. Sie strichen
sich Medizinsalbe auf den Kopf, ins Gesicht und auf die Hände.
Irgendwann am Nachmittag sahen sie im Osten eine Staubwolke,
die bis an den Himmel reichte. Die Lebenden bekamen es nun doch
mit der Angst zu tun, aber viele freuten sich doch darauf, ihre
verstorbenen Verwandten wiederzusehen. Dann kamen die Geister.
Die Leute wagten aber nicht, die Verstorbenen anzusprechen, geschweige denn sie anzufassen. Natürlich war unter den Verstorbenen auch der Sohn des Mannes. Als der Mann ihn sah, konnte er*

vor lauter Liebe nicht anders, als nach seinem Sohn zu greifen und ihn zu umarmen. Man befahl ihm, von dem Jungen zu lassen. Er aber kümmerte sich nicht darum, umarmte seinen Sohn und rief: »Jetzt laß ich dich nie wieder los!«

Kaum hatte er diese Worte ausgesprochen, da waren alle Geister verschwunden. Der Sohn mit ihnen.

Der Mann ging mit gebrochenem Herzen fort und kehrte nie mehr zurück. Im Stamm hieß es: »Er ist bei den Skalpierten!« Ab und zu wurde er noch gesehen. Er hatte eine alte verwahrloste Pferdedecke um die Schultern. Er sah heruntergekommen aus und hatte einen wirren Blick. Er kümmerte sich nicht um die Leute. Eines Tages dann wart er nicht mehr gesehen und geriet in Vergessenheit. Hätte er nicht solchen Schmerz in sich getragen und seinen Sohn nicht berührt, dann könnten Götter und Lebendige heute noch zusammen leben und einander besuchen. Dann gäbe es keinen Tod.

Wie schwierig ist es, einen Menschen nach seinem Tod wirklich loszulassen! Besonders schwer fällt es uns, Kinder gehen zu lassen. Doch nicht nur für das eigene Weiterleben, sondern auch für die Seele des Kindes ist es wichtig, daß man es losläßt. Denn wenn ein Mensch keinen Abschied nehmen kann, dann kann die Seele des Verstorbenen ihren Weg nicht gehen.

Das Totenhemdchen
(Deutschland)

*Es hatte eine Mutter ein Büblein von sieben Jahren, das war so
schön und lieblich, daß es niemand ansehen konnte, ohne ihm gut
zu sein, und sie hatte es auch lieber als alles auf der Welt. Nun
geschah es, daß es plötzlich krank war und der liebe Gott es zu sich
nahm; darüber konnte sich die Mutter nicht trösten und weinte Tag
und Nacht. Bald darauf aber, nachdem es begraben war, zeigte sich
das Kind nachts an den Plätzen, wo es sonst im Leben gesessen und
gespielt hatte, weinte die Mutter, so weinte es auch, und wenn der
Morgen kam, war es verschwunden. Als aber die Mutter gar nicht
aufhören wollte zu weinen, kam es in einer Nacht mit seinem weißen
Totenhemdchen, in welchem es in den Sarg gelegt war, und mit dem
Kränzchen auf dem Kopf, setzte sich zu ihren Füßen auf das Bett
und sprach: »Ach Mutter, höre doch auf zu weinen, sonst kann ich
in meinem Sarg nicht einschlafen, denn mein Totenhemdchen wird
nicht trocken von deinen Tränen, die alle darauf fallen.« Da er-
schrak die Mutter, als sie das hörte, und weinte nicht mehr. Und in
der anderen Nacht kam das Kindchen wieder, hielt in der Hand ein
Lichtchen und sagte: »Siehst du, nun ist mein Hemdchen bald
trocken, und ich habe Ruhe in meinem Grab.« Da befahl die Mutter
dem lieben Gott ihr Leid und ertrug es still und geduldig, und das
Kind kam nicht wieder, sondern schlief in seinem unterirdischen
Bettchen.*[74]

Die alte Frau und die Tränen
(Nordamerika)

Es gab eine alte Frau, die weinte bitterlich um ihre verstorbenen Söhne. Die Tränen, die sie vergoß, gefroren im Jenseits zu Eis. Sie weinte viele Monde lang, und eines Tages machte sie sich zur Himmelsebene auf, um dort nach ihren verstorbenen Söhnen zu suchen. Es dauerte nicht lange, da fand sie beide, eingefroren in den Eisblock ihrer Tränen. »Endlich habe ich euch gefunden«, wehklagte die Mutter.

»Aber schau doch nur. Uns geht es schlecht. Du weinst und trauerst so unbeherrscht und schon so lange über uns«, klagten die Söhne. »Deine Tränen bringen uns Leid, und wir können nicht weitergehen ins Reich der Toten.« Und die Mutter sah jetzt erst, daß ihre Söhne bis zu den Knien im Eis standen. Sie zitterten vor Kälte und konnten sich nicht von der Stelle rühren. Die alte Frau half ihren Söhnen, sich aus dem Eis zu befreien, um ins Reich der Toten zu gelangen. Sie selbst kehrte in ihr Dorf zurück, um den anderen zu erzählen, wie wichtig es ist, den Verstorbenen nicht zu lange nachzutrauern.

Anscheinend sind Kinder längst nicht so verhaftet mit ihrem Körper wie Erwachsene. Die Vorstellungen, die Kinder vom Sterben, dem Tod und einem »Himmel« haben, hängen vom Alter des Kindes ab. Sie werden natürlich auch durch die Eltern und die Kultur geprägt.

Kinder haben nicht so viel Angst vor dem Sterben, wie es bei Erwachsenen der Fall ist. Wenn ein anderer Mensch stirbt, können vor allem kleine Kinder dies nicht wirklich begreifen. Bis zu ihrem dritten Lebensjahr haben sie keine konkrete Vorstellung vom Tod.

Sie sprechen über Tote, als wenn diese noch am Leben und nur für kurze Zeit abwesend seien. Zwischen dem dritten und fünften Lebensjahr fangen sie an, den Tod zu erforschen. Sie stellen viele Fragen, haben aber trotzdem nur eine vage Idee davon, was der Tod tatsächlich bedeutet. Er wird als etwas empfunden, was anderen Menschen zustößt. Genauso wird er als ein vorübergehender Zustand empfunden. Zwischen dem fünften und neunten Lebensjahr nimmt der Tod dann realistische Formen an, aber ganz begreifen können Kinder den Tod dann immer noch nicht.

Auch unter den Erwachsenen gibt es wohl nur wenige, die den Tod wirklich ganz erfassen können. Wenn man sich jedoch ernsthaft damit auseinandersetzt, kann dies eine tiefgreifende Wandlung bewirken. So geschieht es in folgender Geschichte.

Der Tod des Sohnes
(Indien)

Krishna Gotami stellte eines Tages fest, daß ihr neugeborener Sohn gestorben war. In ihrem Schmerz wickelte sie ihren toten Knaben in ein Tuch, trug ihn zu ihren Nachbarn und bat um eine Medizin, die ihren Sohn heilen sollte. Doch die Menschen in ihrer Nachbarschaft glaubten, daß sie den Verstand verloren hätte. So kam es, daß Krishna Gotami zu Buddha ging. Sie rief ihn an: »Herr, du bist für deine Wunder bekannt. Gib mir eine Medizin, so daß mein Junge wieder gesund wird!« Buddha antwortete daraufhin: »Ich werde dir helfen, daß dein Sohn wieder gesund wird. Aber dafür brauche ich eine Handvoll Senfkörner.« Die Mutter war erfreut zu hören, daß es nur so wenig bedurfte, um ihr Kind zu heilen. Und sie versprach, die Körner zu besorgen. Buddha fügte seiner Forderung hinzu: »Du mußt die Senfkörner aus einem Haushalt besorgen, in dem niemand gestorben ist. Kein Kind, kein Ehegatte, kein Elternteil. Jedes Senfkorn darf nur aus einem Haus stammen, in dem der Tod noch nicht eingekehrt ist.«

Krishna Gotami machte sich auf und ging von Haus zu Haus. Die Leute bemitleideten sie sehr und sprachen: »Hier haben wir ein Senfkorn – nimm es.« Aber wenn sie dann fragte, ob in diesem Haus schon ein Kind, ein Ehegatte oder ein Elternteil gestorben sei, bekam sie immer mit traurigem Ausdruck in den Gesichtern zur Antwort: »Ach, der Lebenden sind wenige und der Toten viele. Erinnere uns nicht an unser tiefstes Leid.« Krishna Gotami suchte im ganzen Dorf nach einem Haus, in dem der Tod noch nicht eingekehrt wäre, aber sie fand keines.

Als es dunkel wurde, setzte sich Krishna Gotami müde und verzweifelt an den Straßenrand und betrachtete die Lichter der Stadt. Sie flackerten auf und verlöschten wieder. Als es tiefe Nacht und das Dorf von der Dunkelheit umhüllt war, saß sie immer noch da und machte sich Gedanken über das ewig wandelnde Los der Menschen. In dieser Nacht erlangte sie Erleuchtung.

Als Buddha sie am nächsten Tag wiedersah, blieb ihm die Erkenntnis, die ihr während der letzten Nacht zuteil geworden war, nicht verborgen, und er sprach: »Das Leben der Sterblichen in dieser Welt ist sorgenvoll. Die Jahre, die der einzelne hat, sind gering an Zahl und mit viel Schmerz verbunden. Es gibt kein einziges Mittel, durch welches diejenigen, die geboren wurden, vor dem Tod behütet werden können.« Krishna Gotami hatte die Wahrheit seiner Worte in der Nacht selbst erfahren, und so konnte sie ihren Schmerz akzeptieren und begrub ihren Sohn im Wald. Sie kehrte zu Buddha zurück, nahm Zuflucht zu seiner Lehre und begann, den Pfad der Freiheit zu gehen.

Der Tod und das Leben

Habe keine Angst davor, daß das Leben eines Tages endet.
Fürchte lieber, daß du versäumst, es richtig zu beginnen.

Kardinal Newmann

Die Nachricht, daß jemand gestorben ist, löst als erstes einen Schockzustand aus. Eine Konfrontation mit dem Tod schreckt uns auf, erinnert uns an unsere eigene Vergänglichkeit und führt uns vor Augen, wie unbewußt wir in den Tag hineinleben. Stirbt ein Mensch in unserer Umgebung, leben wir eine Zeitlang bewußter, kümmern uns mehr um uns selbst, bis wir wieder in der Schnellebigkeit versinken. Dann halten wir uns wieder für unsterblich, und erst wenn der Tod das nächste Mal wieder an irgendeine Tür klopft, schrecken wir von neuem auf. Lange verdrängen wir unsere eigene Sterblichkeit, aber irgendwann spüren wir, daß auch wir etwas mit dem Tod zu tun haben werden. Und je älter wir werden, desto kälter ist der Schauer, der uns über den Rücken läuft, wenn wir daran denken, daß er auch uns irgendwann und irgendwie erreichen wird.

Der Tod ist groß.
Wir sind die Seinen lachenden Munds.
Wenn wir uns mitten im Leben meinen,
wagt er zu weinen mitten in uns.[75]

237

Je bewußter wir uns dem Tod und seiner Existenz öffnen, desto eher können wir unsere Sterblichkeit annehmen und den Tod als Teil des Lebens betrachten. Gleichzeitig hat die Erkenntnis der eigenen Sterblichkeit etwas Befreiendes an sich, denn dann brauchen wir uns dem Tod nicht mehr zu verschließen. Wir brauchen einen Teil des Lebens nicht mehr auszuklammern, sondern können uns für ihn öffnen und die Zeit, die uns bleibt, bewußt nutzen. Menschen, die Nahtoderfahrungen gemacht haben, lernen oft die strahlende Seite des Todes kennen und wollen nicht selten dort verweilen:

> *Von außen gesehen und solange wir außerhalb des Todes*
>   *stehen,*
> *ist er von größter Grausamkeit.*
> *Aber sobald man drin steckt,*
> *erlebt man ein so starkes Gefühl von Ganzheit*
> *und Frieden und Erfüllung,*
> *daß man nicht mehr zurückkehren möchte.*[76]

Durch die Akzeptanz unserer Sterblichkeit können wir unserem eigenen Tod auch ganz neu begegnen, ihn begrüßen und ihn in unser Leben einschließen. Dann können wir mit uns selbst und unserer Umwelt ganz anders umgehen und vielleicht lernen wir es auch, nicht einfach vor uns hinzuleben, sondern Körper und Geist als ein Geschenk zu betrachten. Mit dieser Sichtweise kann der Tod zu etwas werden, was in uns reift und mit dem Sterben zur vollen Blüte kommt.

Helmut Remmler, ein Münchner Psychoanalytiker, griff Rilkes Gedicht auf, das ich am Anfang des Buches aufgeführt habe und schrieb über den bewußten Umgang mit dem Tod: »Wir ahnen, daß der Tod nicht eine von außen her kommende, uns hinwegraffende

Schicksalsmacht ist, die unserem Leben ein willkürlich festgelegtes Ende setzt, sondern daß er wie eine Frucht in uns und mit uns wächst und reift, und wenn diese Frucht ganz reif ist, dann ist die Zeit der Ernte und Erfüllung gekommen.«[77]

Ist es nicht eine wunderschöne Vorstellung, den Tod als eine Frucht, als eine Vollendung des Lebens zu sehen, anstatt dieses Dunkle, Graue und Unergründliche in den Vordergrund zu stellen? Wir sind die Gärtner und haben die Möglichkeit, diese, unsere eigene Frucht zu pflegen und reifen zu lassen. Die Angst vor dem Tod zu verlieren und ihn als unsere Vollendung zu sehen, gibt dem Leben eine ganz neue, positive und sinnvolle Sichtweise. Diese neue Sicht ermöglicht es uns, an dieser Vollendung selbst teilzuhaben, ihr eine besondere Note und Qualität zu geben. C. G. Jung schreibt dazu: »Wie die Flugbahn des Geschosses im Ziel, so endet das Leben im Tod, der mithin das Ziel des ganzen Lebens ist. Selbst dessen Aufstieg und sein Höhepunkt sind nur Stufen und Mittel zum Zwecke, das Ziel, nämlich den Tod zu erreichen.«[78]

Wie leicht kann das Leben werden, wenn man die Sichtweise einnimmt, wie Jung sie vermittelt. So ist das Leben viel eher zu genießen, denn der Fluchtaspekt, das Ausblenden der Realität – unsere Sterblichkeit – fällt weg. Remmler beschreibt dies mit folgenden Worten: »Wenn ich eine solche selbstverständliche Einstellung zum Tode habe, kann mich der Gedanke an ihn nicht mehr schrecken, ja ich kann ihn sogar als wahren Freund schätzen lernen, der mich ständig begleitet und dessen Umarmung an meinem Lebensende ich in gelassener und erwartungsvoller Heiterkeit geschehen lassen kann.«[79]

Auch Mozart hat seinen Tod schon zu Lebzeiten angenommen, ihn als Teil von sich und von seinem Leben bezeichnet. Er hat ihn als einen Freund anerkannt und in seiner Musik zum Ausdruck gebracht. Wie er seinen eigenen Tod sah, hat er in einem Brief an seinen Vater vom 4. April 1787 folgendermaßen beschrieben: »Da der Tod (genau zu nehmen) der wahre Endzweck unseres Lebens ist, so habe ich mich seit ein paar Jahren mit diesem wahren, besten Freund des Menschen so bekannt gemacht, daß sein Bild nicht alleine nichts Schreckendes für mich hat, sondern recht viel Beruhigendes und Tröstendes. Und ich danke meinem Gott, daß er mir das Glück gegönnt hat, mir die Gelegenheit zu verschaffen, ihn als den Schlüssel zu unserer wahren Glückseligkeit kennenzulernen.«[80]

Täglich werden wir mit dem Tod konfrontiert und können so das Sterben regelrecht erlernen. Auch wenn es uns noch so wenig bewußt ist. »Der Schlaf ist der kleine Bruder des Todes«, sagen die Chinesen, um sich so ihrer Vergänglichkeit bewußt zu werden. Die Franzosen drücken es etwas anders aus: »Partir, c'est mourir un peu.« Das heißt: »Jeder Abschied ist ein bißchen sterben.« Der Tod ist überall präsent, wir können das nutzen und uns damit anfreunden.

Wenn wir lernen, den Tod Stück für Stück in unser Leben zu integrieren und wenn wir wissen, daß wir nicht mehr vor ihm fliehen müssen, dann können wir auch anfangen, bewußt Abstand von alten Lebensgewohnheiten zu nehmen und alte Zyklen schließen. Gelingt uns dies, können wir uns leichter für etwas Neues öffnen. Denn das Neue kann sich oftmals erst richtig entfalten, wenn das Alte wirklich vorbei ist. Es ist zwar oft unendlich schwer, sich von alten Gewohnheiten zu trennen, doch der Schritt lohnt sich! Denn je freier wir vom Gestern sind, desto mehr hat das Morgen uns zu bieten. Sri Chinmoy, ein Gelehrter, schreibt dazu: »Was wir den Tod nennen, ist nichts als Unwissenheit. Wir können das Problem des Todes nur lösen, wenn wir wissen, was Leben ist.«[81]

Leider bleiben jedoch viele Menschen verschlossen und verdrängen die Tatsache, daß sie sterben werden. Sie nutzen die Chance nicht, bewußt zu leben und bewußt zu sterben. Forschungen haben ergeben, daß jeder Mensch intuitiv spürt, daß er sterben wird, aber die meisten sind in unserer Gesellschaft nicht in der Lage, über die Ängste und Gefühle, die durch dieses Wissen entstehen, zu sprechen. Solange wir nicht direkt mit dem Tod konfrontiert werden, wollen wir es nicht wahrhaben, daß er existiert. Je mehr wir den Tod als Teil des Lebens akzeptieren, desto bewußter leben wir im Hier und Jetzt. Und vielleicht hilft das ein oder andere Märchen dieses Buches, dem Tod die Härte zu nehmen und dem Leben etwas mehr Süße zu geben.

> *Wenn ich jetzt sterben müßte,*
> *würde ich sagen:*
> *»Das war alles?«*
> *Und:*
> *»Ich habe es nicht so*
> *richtig verstanden.«*
> *Und:*
> *»Es war ein bißchen laut.«*
>
> Kurt Tucholsky[82]

Dank

Ich danke meiner Familie und all meinen Freunden, die mich auf meinem Weg nach Masahiros Tod durch die Höhen und Tiefen dieser schwierigen Zeit begleitet haben.

Für die Fertigstellung dieses Buches danke ich insbesondere Evelyn Altstein, ohne deren Struktur das Buch nicht das geworden wäre, was es jetzt ist, und meiner Schwester Ute, die immer an mich und meine Projekte geglaubt hat und mir für die Arbeit an dem Manuskript jederzeit ihr gesamtes Büroequipment zur Verfügung gestellt hat. Des weiteren möchte ich auch Dr. G. Haselbacher und Nanna Michael für ihre Geburtshilfe bei der »Wiedergeburt« danken.

Märchen und Geschichten der Welt

Bibliographie

Abendzeitung: Dianas Schwestern – letzte Grüße am Sarg 6./7. September 1997

Angarowa, H.: Estnische Märchen, in: Märchen von der Bernstein-küste, Verlag Progreß, Moskau 1974

Barüske, Heinz: Isländische Märchen, Verlag 2001, Frankfurt a. M.

Barloewen, von C.: Der Tod in den Weltkulturen und Weltreligio-nen, Diederichs Verlag, München 1996

Becker, Ulrich: Sterben und Tod in Naturvolkkulturen, St. Ottilien 1987

Bhagwan Shree Rajneesh: Mit Wurzeln und Flügeln – Zen Ge-schichten, Wesobrunn

Die Bibel: In der Übersetzung von Martin Luther, Deutsche Bibel-gesellschaft, Stuttgart 1985

Brück, Michael v.: Bhagavad-Gita, Kösel Verlag, München 1993

Chinmoy, Sri: Veden, Upanishaden, Bhagavadgita, DG 107, Mün-chen 1994

Chipolletti, Maria A.: Langsamer Abschied, Tod und Jenseits im Kulturvergleich, Roter Faden zur Ausstellung, Museum für Völ-kerkunde, Frankfurt am Main 1989

Cleary, Thomas: Zen-Geschichten, Begegnungen zwischen Schü-lern und Meistern, CG 132, München 1993

Cline, Sally: Frauen sterben anders – Wie wir im Leben den Tod bewältigen, G. Lübbe Verlag, 1997

Conze, Edward: Der Buddhismus, 10. Auflage, Kohlhammer Ver-lag, Stuttgart 1995

Das Beste: 1000 Fragen an die Heilige Schrift, Neue Einblicke in die faszinierende Welt der Bibel, Stuttgart 1992

Doore, Gray: Gibt es ein Leben nach dem Tod? Kösel Verlag, München 1994

Eliade, Mircea: Handbuch der Religionen, Artemis & Winkler, Düsseldorf 1997

Elsner, Constanze: Sterben Nein Danke! – Das Buch fürs Leben, Verlag Peter Erd, München 1991

Findeisen/Gehrts: Die Schamanen, Diederichs Gelbe Reihe 47, München 1996

Ganslmayr, H. (Hrsg.): Lebende Tote, Totenkult in Mexiko, Bremen 1986

Gibran, Khalil: Der Prophet, Walter-Verlag Olten und Freiburg im Breisgau 1984

Glasenapp von, Helmut: Die fünf Weltreligionen, CG 130, München 1996

Gold, Peter: Wind des Lebens, Licht des Geistes, Droemer Verlag, München 1997

Goler, Brigitte (Hrsg.): Märchen und Mythen der brasilianischen Indianer, Freiburg 1988

Golemann, Daniel: Emotionale Intelligenz, dtv Verlag, München 1997

Grimm, J. und W.: Kinder- und Hausmärchen, Diederichs Verlag, München

Grof, Stanislav: Totenbücher, Bilder vom Leben und Sterben, Kösel Verlag, München 1994

Holzhausen, Ingrid v. (Hrsg.): Weisheit der Völker, Diederichs Gelbe Reihe 91, München 1991

Hark, Helmut: Den Tod annehmen, Unser Umgang mit dem Sterben als Chance der Reifung, Kösel Verlag, München 1995

Hetmann, Frederik: Die Büffel kommen wieder und die Erde wird neu. Märchen, Mythen, Lieder und Legenden der nordamerikanischen Indianer, Diederichs Verlag, 1995

Hirschberg, Walter: Neues Wörterbuch der Völkerkunde, Dietrich Reimer Verlag, Berlin 1988

Honnefelder, Gottfried (Hrsg.): Lektüre zwischen den Jahren, Insel Verlag, Frankfurt a. M. 1984

Hulpach, Vladimir: Märchen der Indios, Mythen, Märchen und Legenden der Indianer Mittel- und Südamerikas, Verlag Werner Dausien, Hanau, 1976

Hultkrantz, Åke: Schamanische Heilkunst und rituelles Drama der Indianer Nordamerikas, Diederichs Gelbe Reihe 112. München 1996

Jensen, A. E.: Mythos und Kult bei Naturvölkern, dtv wissenschaft, München 1991

Jung, C. G.: Seele und Tod, Gesammelte Werke VIII, Olten 1977

Kaiser, Rudolf: Indianische Heilkunst, Pflanzen; Rituale und Heilungsbilder nordamerikanischer Schamanen, Herder Spektrum, 1996

Kaleko, Mascka: Verse für Zeitgenossen, rororo, Hamburg 1980

Kalweit, Holger: Urheiler, Medizinmänner und Schamanen – Lehren aus der archaischen Lebenstherapie, Kösel Verlag, München 1987

Kapleau, Philip: Der vierte Pfeiler des Zen – Der Weg, das Wunderbare im Alltäglichen zu entdecken, O. W. Barth, München 1997

Kästner, Erich: Lyrische Hausapotheke, dtv, München 1988

Keyserlingk, Linde von: Da war es auf einmal so still – Vom Tod und Abschiednehmen, Herder Verlag, Freiburg 1997

Khan, Hazrat Inayat: Wanderer auf dem inneren Pfad, Texte zum Nachdenken, Herderbücherei, Band 53, Herder, Freiburg im Breisgau, 1986

Klaus, Rosemarie: Märchen der Athapasken, Der Böse Geist des Niagarafalls, Indianermärchen, Berlin 1960

Knappert, Jan: Lexikon der indischen Mythologie, W. Heyne Verlag, München 1991

Konitzky, Gustav A.: Diederichs Märchen der Weltliteratur: Märchen der nordamerikanischen Indianer, rororo, Rowohlt, 1992

Kraft, Hartmut: Über innere Grenzen: Initiation in Schamanismus, Kunst, Religion und Psychoanalyse, Diederichs Gelbe Reihe 117, München 1995

Kroeber-Wolf, Gerda: Lebendiges vom Tod, Museum für Völkerkunde, Frankfurt am Main 1989

Kübler-Ross, E.: Leben, bis wir Abschied nehmen. Mit 80 Photos von Mal Warshaw, Kreuz Verlag, Stuttgart
Befreiung aus der Angst, mit 50 Photos von Mal Warshaw, Kreuz Verlag

Leiter Karin E.: Ach wie gut, daß jemand weiß . . . Trauerbegleitung mit Märchen, Tyrolia Verlag, Innsbruck 1996

Levine, Stephen: Wer stirbt? Wege durch den Tod, Context Verlag, Bielefeld 1993

Litten, Margot: Vom Abschied, Insel Verlag, Frankfurt am Main 1987

Maharashi; Ramana: Sei, was du bist. Herausgegeben von Davin Golemann, O. W. Barth Verlag, 4. Auflage 1995

Mehlig, Johannes: Buddhistische Märchen, Verlag 2001, Frankfurt am Main 1981

Mischke, Marianne: Der Umgang mit dem Tod – Vom Wandel in der abendländischen Geschichte, Dietrich Reimer Verlag, Berlin 1996

Mooren, Thomas: Die vertauschten Schädel, Tod und Sterben in Naturreligionen, Hinduismus und Christentum, Patmos Verlag, Düsseldorf 1995

Müller, Paul Emanuel: Märchen zeigen Wege – Leben, Tod und Wiedergeburt, Ariston Verlag 1996

Nuland, Sherwin B.: Wie wir sterben – Ein Ende in Würde, Knaur Verlag 1996, München

Osho: Das Orangene Buch, Osho Verlag, Köln 1994, Der Höhepunkt des Lebens, Osho Verlag, Köln 1994

Palmer, William R.: Why the North Star stands still, Published by the Zion Natural History Association, Zion National Park, Springdale, Utah 84767, 1973

Pfleiderer, Beatrix: Ritual und Heilung, Dietrich Reimer Verlag, Berlin 1995

Rätsch, Christian: Die Steine des Schamanen, Diederichs Verlag, München 1997

Reich, W. (Hrsg.): W. A. Mozart, Briefe, Bd. IV

Remmler, Helmut: Der Königssohn, der sich vor nichts fürchtet – Weisheit im Märchen, Kreuz Verlag Stuttgart 1984

Rilke, Rainer Maria: Das Buch der Bilder, in: Werke in drei Bänden, Band I, Copyright Insel Verlag, Frankfurt am Main, 1966
Das Stunden-Buch, in: Werke in drei Bänden, Band I, Copyright Insel Verlag, Frankfurt am Main 1966

Rinpoche, Sogyal: Das tibetische Buch vom Leben und Sterben, O. W. Barth Verlag, München 1993

Schimmel, Annemarie: Rumi – Ich bin Wind und du bist Feuer, DG 20, München 1995

Schmidt-Leukel, Perry: Die Idee der Reinkarnation in Ost und West, Diederichs Verlag, München 1996

Schwab, Gustav: Die schönsten Sagen des Klassischen Altertums, Verlag Carl Ueberreuter

Schweer, Thomas: Stichwort Hinduismus, Heyne Sachbuch Nr. 19 4042, München 1994

Sproul, Barbara, C.: Schöpfungsmythen der östlichen Welt, Diederichs Gelbe Reihe Nr. 101, München 1979

Stöckli, Rainer: Zeitlos tanzt der Tod, UVK Kulturgeschichte,
Konstanz 1996

Tausch-Flammer/Bickel: Wenn Kinder nach dem Sterben fragen,
Herder Verlag, München 1994

Tedlock, Dennis: Über den Rand des tiefen Canyon, Lehren india-
nischer Schamanen, Diederichs Gelbe Reihe 17, München 1994

Tetzner, Lisa: Die schönsten Märchen der Welt für 365 und einen
Tag. Gesammelt und herausgegeben von Lisa Tetzner, Band IV,
Büchergilde Gutenberg, Frankfurt am Main, 1997

Thich Nhat Hanh: Das Wunder der Achtsamkeit, Theseus Verlag,
München 1998

Thiel, Josef Franz: Grundbegriffe der Ethnologie, Dietrich Reimer
Verlag, Berlin 1992

Ullrich, Peter Otto: Im Angesicht des Todes, Ein interdisziplinäres
Kompendium, Teil 1, Eos Verlag, Erzabtei St. Ottilien 1987

Viseux, Dominique: Das Leben nach dem Tod in den großen
Kulturen, Diederichs Gelbe Reihe 109, München 1995

Weil, Alfred: Im Spiegel des Todes, Beiträge zu Tod und Sterben
aus buddhistischer Sicht, Deutsche Buddhistische Union, München 1995

Woeller, Waltraud: Deutsche Volksmärchen, Insel Verlag, Frankfurt
a. M. 1990

Wulff, Juan Hartwig: Totenkult der Naturvölker des Südlichen
Südamerikas, Hamburg 1969

Anmerkungen

1 Bis auf einige Ausnahmen, die mit Quellen versehen sind,
   wurden die Geschichten in diesem Buch auf der Grundlage
   verschiedener Quellen frei nacherzählt.

2 Why the North Star stands still. Übersetzt von Evelyn Althaus

3 vgl. Schweer

4 R. Panikab, Die Zeit des Todes, in: Barloewen

5 von Glasenapp, S. 221

6 Gold, S. 106

7 Indianisches Gedicht, in: Kaiser, S. 102

8 Rätsch, S. 79

9 vgl. Hirschberg

10 vgl. Müller, S. 74

11 Kaiser, S. 159

12 vgl. Hirschberg

13 C. G. Jung, in: Doore

14 Chipoletti, S. 9

15 Chipoletti, S. 21

16 Hark, S. 250

17 Grimm

18 Groeber-Wolf, S. 43

19 Holzhausen, S. 119

20 Khan, S. 124

21 vgl. Thiel, S. 151

22 Jensen, S. 370

23 vgl. Pfleiderer, Sr. 26

24 Jensen, S. 381

25 Viseux, 1994

26 Knappert, S. 56 f.

27 Brück, S. 40

28 Brück, S. 43

29 Sri Chinmoy, S. 126

30 Brück, S. 65

31 Doore, S. 143

32 vgl. Doore, S. 145

33 vgl. Schweer, S. 17

34 Viseux, S. 93

35 Mooren, S. 84

36 Schmidt-Leukel, S. 38

37 Schmidt-Leukel, S. 33

38 vgl. Conze, S. 39

39 vgl. Doore, S. 149

40 Maharshi, S. 15

41 Khan, S. 119

42 Lady Mc Corquodales Grabrede für Lady Diana 7.9.1997

43 Schimmel, S. 7

44 Gibran

45 Kraft, S. 9

46 Findeisen/Gehrts, S. 48

47 Kalweit, S. 24

48 Kalweit, S. 37

49 Kaiser, S. 147

50 vgl. Mooren, S. 33

51 Kalweit, S. 119

52 Findeisen/Gehrts, S. 111

53 Chipoletti, S. 233

54 vgl. Kroeber-Wolf

55 vgl. Chipoletti

56   vgl. Steffen, Archetypische Bilder des Todes, in: Ullrich

57   vgl. Ullrich, S. 276

58   Grof, S. 68

59   vgl. von Glasenapp, S. 310

60   vgl. von Glasenapp, S. 311

61   Die Bibel, Lukas 16, 17

62   vgl. Schimmel, S. 83

63   Schmidt-Leukel, S. 27

64   Schmidt-Leukel, S. 27

65   vgl. Kroeber-Wolf

66   Schwab, S. 103ff.

67   vgl. Becker

68   Tedlock, S. 220

69   vgl. Tedlock

70   Kaleko, S. 9

71   Khan, S. 121

72   Litten, S. 41

73   vgl. Cline

74   Grimm

75   Rilke

76   C. G. Jung in: Doore

77   Remmler, S. 101

78   Jung

79   Remmler, S. 103

80   Reich, S. 41

81   Chinmoy, S. 126

82   Tucholsky in: Honnefelder